Impressum:

© 2015 Michael Duesberg

Korrektorat/Satz/Umschlaggestaltung:
Angelika Fleckenstein; spotsrock.de
Umschlagbilder: pixabay.com

Verlag: tredition GmbH, Hamburg

ISBN: 978-3-7323-3009-6 (Paperback)
         978-3-7323-3010-2 (Hardcover)
         978-3-7232-3011-9 (e-Book)

Printed in Germany

Bibliografische Information der Deutschen Nationalbibliothek: Die Deutsche Nationalbibliothek verzeichnet diese Publikation in der Deutschen Nationalbibliografie; detaillierte bibliografische Daten sind im Internet über http://dnb.d-nb.de abrufbar.

Michael Duesberg

Die Weihnacht

Eine Spurensuche

Inhaltsverzeichnis

Einleitung

Weihnachten heute

Strömender Regen. Grau und kalt und unwirtlich. Einkäufer hasten unter Schirmen, Hüten und Kapuzen umher, um schnell noch ein paar Weihnachtsbesorgungen zu machen, ehe das große Gedränge in Gassen und Kaufläden beginnt. Die Hauptstraßen sind festlich geschmückt. Die Auslagen in den Geschäften verkünden die nahe Weihnacht: es ist der Vormittag des 24. Dezember. „Hoffentlich schneit es bald!" – „Ja, denn so wie jetzt ist das ja wirklich nichts – total unweihnachtlich!"

Schnell noch ein Geschenk für Frieda ...Was könnte ihr Freude bereiten? Schwierig; sehen wir uns doch mal um: Tücher, Stoffe, Kleider, Gürtel; hat sie alles. Oder da: Holzwaren; Kästchen, Figuren – lauter unwichtiger Kram; aber schönes Holz! „Das da, rechts hinten, bitte! Wie bitte? Thuja? Toll! 60 Mark? Ja bitte, in Geschenkpapier". Fehlen noch ein paar kleine Sachen für Erich und für Herrn R. – Oh je, schon wieder so spät!

Am Nachmittag wird der Baum geschmückt; eine seltene Tannenart mit Nadeln wie Dolchen. Jede Berührung ein Martyrium! Aber 80 Mark teuer! So, die Silberkugeln und Figürchen hängen jetzt dran. Noch den Stern auf die Spitze, dann die Kerzenhalter und das Lametta. –Jetzt den Gabentisch richten; und dann ...; und dann …

Am frühen Abend ist Bescherung: Die Kerzen leuchten, das Silber glitzert schneeig, und hell tönen die Stimmen: „O du fröhliche" und „Stille Nacht, heilige Nacht", von jedem Lied den ersten Vers. Die Stimmung ist heiter und steigt noch. Geschenke werden ausgepackt: „Für Frieda!" „Welch ein entzückendes Kästchen!" – „Freut es dich?" – Noch ein Lied: „O Tannenbaum", speziell für die 80-Mark-Tanne! – „Früher ist man um Mitternacht in die Kirche gegangen", sagt Großmutter. – Staunen. – Die Kerzen sind mittlerweile heruntergebrannt, das elektrische Licht strahlt wieder anheimelnd und vertraut. Noch eine sinnige Geschichte, die „seelisch auf Weihnachten einstimmt", dann ist erst mal Ruhe.

Seelisch bewegt wird das Buch geschlossen; Taschentücher gleiten unauffällig über die Augen. Noch ein paar Plätzchen, bitte! Die Geschichte hat verdammt nachdenklich gemacht. „Fein, deine Spekulatius, ... mm!" – Es ist schon spät; man verabschiedet sich voneinander. Nach und nach gehen alle zu Bett. „O Licht lösch aus...!" Einen Augenblick lang ballen sich Bilder zusammen wie ferne Erinnerungen. Stimmungen steigen auf. Da hinein mischen sich die Freude auf morgen und der Appetit auf dieses oder jenes Spiel: ein Auto, ein Radio – die neuen Geschenke eben. Dann sinkt der Schläfer in den Abgrund...

Die Weihnacht? ... Nun, das war sie. Aber war sie das wirklich?

Es sind nicht allein die Ketzer, die an dieser Art Weihnacht zweifeln oder auch verzweifeln. Und mancher Unbefangene spürt, dass wir mit unserer mitteleuropäischen Weihnacht tatsächlich an etwas vorbeigehen, an einer lebendigen, erfüllten Weihnacht. Gab es eine solche denn jemals? Und wenn ja, wann? – Zur ersten Frage: Es gab sie! Davon sollen im Folgenden Bruchstücke gesammelt werden. – Zur zweiten Frage: Solange die Weihnacht <u>lebendig erlebt</u> wurde, war sie auch erfüllt und lebendig. Das Erleben aber erlosch irgendwann.

Als Immanuel Kant (1724 – 1804) gegen den westlichen Empirismus und die Ideen der Aufklärung ankämpfte, versuchte er, die Religion vor den Angriffen dessen, was man damals „Wissen" nannte, „in Sicherheit" zu bringen. Unter Wissen verstand man ein rationalistisches, religionskritisches, wenn nicht gar religionsfeindliches Wissen, das sich von jeder Glaubensgrundlage abgelöst hatte. Daher verschanzte der tief gläubige Kant die Heiligtümer der Religion gleichsam in die von ihm errichtete Festung des Glaubens. Die Grundpfeiler der Religion, Gott, Freiheit und Unsterblichkeit, waren ihm zwar praktische Glaubensgrundlage, aber der theoretischen Vernunft seiner Ansicht nach unerreichbar. Damit wurde erstmals philosophisch-gedanklich vollzogen, was sich auf anderer Ebene, auf dem Weg über die arabisch beeinflusste Wissenschaft, schon früher angekündigt hatte: „Von Gott und dem Jenseits kann man nichts **wissen**; man kann allenfalls daran **glauben**".

Dieses Postulat berücksichtigte nicht, dass es neben Wissen und Glauben auch noch eine andere Erkenntnis-Grundlage gibt, die des Erlebens oder Erfahrens. Ist solches Erfahren erst einmal eingetreten, verdrängt es mühelos Wissen und Glauben.

Um an Weihnachten zu lebendigen Erlebnissen zu kommen, müssen die Hintergründe der Weihnacht wieder vertraut werden. Das sind sie nicht. Viele Menschen kennen nur einen winzigen Ausschnitt vom

Weihnachtsgeschehen, meistens den christlichen Teil, und den oft unvollständig.

Im Folgenden werden von mehreren Seiten Schlaglichter auf unterschiedliche Bereiche und Schichten der Weihnacht gerichtet werden. Die riesige Stoffmenge wurde energisch beschnitten. Dadurch traten zwangsläufig Lücken auf.

Geschichtlicher Rückblick

Die Weihnacht weist drei verschiedene geschichtliche Bereiche auf, deren Bilder und Bräuche wie archäologische Kulturschichten durchsucht werden können:

1.) Das Christentum bildet die jüngste Schicht seit 354 n. Chr. Es übernahm aber zwangsläufig auch Bilder und Bräuche aus vorchristlicher Zeit und assimilierte diese weitgehend.

2.) Das germanische Heidentum mit dem Yulfest ist die nächstältere Schicht. Doch auch diese beinhaltete schon älteres Kulturgut, das zum Teil verwandelt, zum Teil fast unverändert tradiert wurde.

3.) Das alte Sonnwendfest der Mittleren Steinzeit im Kult der Großen Mutter ist die älteste Schicht – ca. 10.000–2.000 Jahre vor der Zeitenwende.

Aus allen drei Bereichen finden sich mehr oder weniger deutliche Spuren im Weihnachtsfest. Die immer schneller verblassenden Vorstellungsbilder, Bräuche, Sagen, Lieder und Gedichte, deren kulturgeschichtliches Durcheinander weder Christen noch Nichtchristen sonderlich erfreut, sind in der mitteleuropäischen Weihnacht in unterschiedlicher Mischung enthalten – ein Kulturschatz, der durch die heutigen Verhältnisse vom Aussterben bedroht ist, der aber viele Anregungen für ein neues Erleben der Weihnacht böte!

Um 354 n. Chr. wurde das Weihnachtsfest von den Vätern der römisch-katholischen Kirche **erstmals** auf den 25. Dezember festgelegt. Das war der Tag der Wintersonnwende. Ein griechischer Kalender von

200 v. Chr. sagt über dieses Datum: **„Geburtstag der Sonne, das Licht nimmt zu"**. Demgegenüber ergaben mittelalterliche „Berechnungen", oder besser Spekulationen des Geburtstags Christi ganz andere Zeiten: den **20. Mai** oder den **20. April**. Der Kirchenvater Origenes sagte, die Christen feierten den Todestag Christi als „Natale", als Geburtstag; einen **speziellen** Geburtstag Christi kenne er nicht. Die Kirche hatte also die Christgeburt auf den Tag der Wintersonnwende gelegt. Mit ihm begann auch das Yulfest.

Für den **24. /25. Dezember** bezeugte der Historiker Beda um 735 n. Chr. für Altengland die Bezeichnung „módra niht", das heißt **„Nacht der Mutter"**. Dieser Begriff ist uns auch aus anderen Ländern überliefert: So hieß der Weihnachtsabend in Skandinavien „Modernatten", im Erzgebirge, Schleswig-Holstein und der Pfalz „Mutternacht" und in Westböhmen „Nächte der Mütter". Da aber der Begriff „módra niht" (oder „modra neht") **älter** ist als die Festlegung der christlichen Weihnacht, bezieht er sich auch auf ein älteres Geschehen; das heißt, er weist auf eine **ältere** Mutter als die **christliche Mutter Maria** hin. Und die alte Bezeichnung „ze den wíhen nachten" deutet auf eine **Anzahl** Nächte, die **„Weihenächte"**, nicht nur **eine** Nacht. Dies ist exakt, denn es sind deren dreizehn.

Die Zeit zwischen den Jahren

Älteren Vorstellungen zufolge unterscheiden wir zwei Jahresläufe: den des **Mondes** und den der **Sonne**. Sie sind unterschiedlich lang, weil der Mond mit seinen 29 ½ Tagen pro „Monat" bereits in (12 x 29 ½ =) 354 Tagen ein **Mondjahr** vollendet, während das **Sonnenjahr** ca. 365 ¼ Tage umfasst. Die Differenz, elf ganze Tage und ein angebrochener – diese **zwölf** betroffenen **Tage** und ihre **dreizehn Nächte** wurden in alten Kalendern als die **„13 Rauhnächte"**, bzw. die **„Zwölften"** aufgeführt.

Die „Rauh"- oder „Losnächte" hatten es in sich! In altdeutschen Sagen werden die Wunder, aber auch das Spukgeschehen dieser Nächte beschrieben.

Zuvor eine Begriffsklärung: Im Folgenden wird des Öfteren das Wort „Anderswelt" vorkommen. Es entstammt dem irischen, schottischen und walisischen Märchen- und Sagenschatz. Unter der Anderswelt wurde die Welt „hinter" dem Schleier der Sinneswelt verstanden, jene Welt, die unsere eigene, die „Alltagswelt" erst zustande bringt und am Leben erhält. Es ist die der Riesen, Trolle, Zwerge, Elfen, Feen, Meerfrauen und anderer Märchen- und Fabelwesen, aber auch die der 9 Engelreiche und der Verstorbenen und Ungeborenen.

Was geschah nun in den Rauhnächten? Alle möglichen, heimlichen und unheimlichen Gesellen und Gesellinnen, Geister und Geistchen der Anderswelt – bis hinab zum „Speicherpuck", dem „bucklichten Männlein", „Bibabutzemann", „Klabauter" und anderen eigentümlichen Herrschaften – drangen ungefragt in unsere Alltagswelt ein, fuhrwerkten eine Weile darin herum und verschwanden wieder. Manche luden den Menschen sogar in ihre eigene Welt ein. Wer aber den goldenen Gastbecher der Anderswelt gereicht bekam, erlebte Merkwürdiges: wie sein Becher sich beim Trinken, statt leerer zu werden, weiter füllte. Und die Speisen an der Tafel der „Herrlichen" nahmen immer nur zu statt ab, je mehr der Gast davon aß. Ströme, Flüsse und Bäche flossen dort hügelauf, den Quellen zu. Farben erklangen hörbar. Töne erschienen als überwältigende Erlebnisse und boten sich dem Auge als Tänzer oder Tänzerinnen dar. – Die Gesetze der normalen Zeitrechnung waren aufgehoben. Ein wenig hiervon erfahren wir ja auch beim Einschlafen und Aufwachen, wenn Sekunden sich endlos zu dehnen vermögen und Stunden „sekundenschnell" vorüber gleiten. – Wer aber jemals in der Anderswelt geweilt hatte, wurde seines Alltagslebens nicht mehr froh. Und oft entschied er sich, „fort zu gehen". Dazu zwei Sagen:

Frau Holle und der Blinde[1]

Einmal, an einem Weihnachtsnachmittag, kehrte ein blinder Buchbinder, von seinem Hund geführt von der Arbeit heim. Er hatte dabei eine weite Strecke durch einen großen Wald zu gehen und ein schlimmer Wind fuhr durch alle Wipfel. Nun wollte der Weg an diesem Tage schier kein Ende nehmen, es wurde immer einsamer und kälter um den blinden Mann und er fürchtete schließlich sein Hund habe sich verirrt.

Auf einmal legte das Tier sich nieder und sprach mit menschlichen Worten: „Weißt du, dass Frau Holle heute Nacht in den Wald kommt?"

„Hast du mit ihr zu reden?" fragte der Blinde erstaunt.

„Nein, aber ich habe dich heute ein ganzes Jahr lang geführt", sagte der Hund, „jetzt hab du einmal Geduld und gib mir, dass ich eine Stunde mit den Meinen spielen kann! Sie kommen alle in den Hollenwald!"

Da mußte der Mann, frierend an einen Stamm gelehnt, warten, bis sein Führer wiederkam. Er schalt erst noch, aber es war zu verstehen, dass auch solch ein Tier seine Freude haben will. Zwischen Weihnacht und Neujahr verstehen sie alle einander, verstehen sogar die Sprache der Menschen und es heißt, dass sie in den Tagen mehr wissen als unsereins, dafür, dass sie ein Jahr stumme Diener der Menschen waren.

Als der Blinde nun hoffte, dass ein gut Teil der Stunde vorüber sei, kam der Hund wieder vorbei. „Da musst noch Geduld haben", sagte der Hund zu seinem Herrn, „es sind noch nicht alle da, wir sind zu früh gekommen."

Der Mann mochte nichts erwidern, um dem Tier die Freude nicht zu verderben; wie er dabei aber horchend den Kopf zu ihm niederbeugte, geschah ihm, wie es allen Blinden bei Frau Holles Kommen geschieht, er konnte den Hund auf einmal wie einen Schatten sehen. Und als er den Kopf wieder hob, war ihm, als stünde rundum der Tannenwald wie eine Schar begrünter Kreuze da, und er erblickte oben in den Wipfeln den Mond, um den mit hellen Gliedern viele Nebel tanzten. Aber der Blinde sah noch mehr, er sah, wie ein ganzes Schiff mit Tannenbäumen und Lichtern vom Himmel näher schwebte und sich auf einer weißen Waldwiese, die vor ihm lag, niederließ.

Und der Mann, der viele Jahre ohne Augenlicht gewesen war, erblickte tausend Tiere, die von weither gekommen waren, um Frau Holle zu begrüßen, er erblickte die Elfen mit weißen Gliedern, die im Mondlicht tanzten. Und er lief über den Festplatz auf das Schiff zu und schrie vor Erstaunen: „Ich habe mein Augenlicht wieder, ich sehe dich, Frau Holle!"

Da schritt die schöne Frau selbst an ihm vorüber, und als sie ihn so rufen hörte, trat sie näher und fragte: „Bist du blind gewesen, armer Mann?"

„Ja", rief der Buchbinder, „ja, ich bin blind gewesen und kann dich sehen, wie ist das herrlich!"

Aber die Frau warnte ihn: „Lieber Mann, hoffe nicht zu früh, es ist nur in den Zwölften, dass du zu sehen vermagst."

„Ich bin aber so glücklich, dass ich sehen kann", rief der Mann, „ach, kannst du mir denn nicht für immer mein Augenlicht wiedergeben?" Es war ihm alles so herrlich rundum, voller Lichter und köstlichen Glanzes, voll schöner und tanzender Menschen, voll Wagen und freundlicher Tiere, voll ragender Bäume und leuchtender Blumen, die mitten im Schnee aufwuchsen. Den armen Mann dünkte, dass sein Leben immer und zu allen Stunden so prächtig sein würde wie in dieser. „Ach", rief er, „hätte ich doch mein Augenlicht für immer –", den schlimmen Alltag hatte er ganz vergessen, „kannst du mir nicht helfen, dass es so bleibt?"

„Für immer kann ich dir nicht helfen", antwortete sie traurig, „aber ich kann dich wählen lassen, ob du das Jahr hindurch alles Leben und Leid der Menschen erblicken, oder aber, ob du in den Zwölften zu uns kommen willst."

„Da weiß ich genau, was ich zu wünschen habe", schrie der Mann aufgeregt, ihm schien das Jahr so viel länger als die kurze Spanne der Feiertage. „Da weiß ich gewiss, was ich erwähle: Gib mir das Jahr frei, Frau Holle, ein ganzes Jahr über möchte ich so offene Augen wie zu dieser Stunde haben."

Da seufzten die Tiere, sie meinten vielleicht, der Fremde hätte sich anders entscheiden müssen. Aber Frau Holle strich ihm schon über die Augen: „So werde für deine Welt sehend, und blind für uns", sagte sie. Und das Dunkel fiel auf die Lider des Mannes, weil er noch auf Frau Holles Wiese stand.

Und die schöne Königin rief seinen Hund, der kam gehorsam, führte den Mann in seine Stadt heim, und er war längs des Weges blind wie vorher. Aber als er zu den Menschen kam, erhellten sich seine Augen langsam, so wie es ihm die gütige Frau versprochen hatte. Und als das neue Jahr begann, lebte er mit klaren Augen, ein Genesener, unter den Seinen.

Es ist jedoch an dem, dass der Mann die Sehnsucht nach dem Frauhollenzug seit jener Nacht nicht mehr verlieren kann und dass er, wie alle Menschen, die lange blind waren, im Alltag alle Armut und Krankheit doppelt genug erkennt. Und er ist schwermütig und wortkarg geblieben und kann die Feier der Zwölften und den Zug der schönen überirdischen Frau, den er einmal gesehen hat, zu keiner Stunde vergessen.

(H. Fr. Blunk)

Das Abenteuer des Conle

Conle der Rotschopf, ein Sohn des Conn von den Hundert Schlachten, war mit seinem Vater eines Tags auf den Höhen von Uisnech, als er eine Frau in einem seltsamen Kleid sah. «Wo kommst du her, Weib?» fragte er. Und die Frau erwiderte:

«Ich komme aus dem Land des Lebens, wo es weder Tod noch Sünde noch Missetat gibt. Wir feiern den ganzen Tag über, ohne dass man vorlegen oder nachschenken muss. Wir sind freundlich miteinander und kennen keinen Streit. Wir wohnen in einem großen Feenhügel, und nach diesem werden wir das Volk von den Feenhügeln genannt.»

«Mit wem sprichst du da?» sagte Conn zu seinem Sohn, denn er sah die Frau nicht. Und das Weib erwiderte: «Er spricht mit einer schönen jungen Frau edler Herkunft, auf die wartet weder Tod noch Alter. Ich habe mich in Conle den Rotschopf verliebt, und ich befehle ihm, zur Ebene der Freuden zu kommen, wo Boadhagh für immer König ist, ein König in einem Land ohne Weinen und Klagen, seitdem er dort herrscht. Komm mit mir, Conle Rotschopf mit dem schönen Nacken und den Augen wie eine Kerzenflamme. Eine goldene Krone über deinem gesunden Gesicht wird das Kennzeichen deiner Königsschaft sein. Wenn du mit mir kommst, wird sich dein Aussehen nicht verändern, du wirst immer jung und schön sein, bis zum Tag des Jüngsten Gerichts.»

Da sprach Conn zu seinem Druiden, Corann mit Namen, da doch alle die Frau, die Conle allein zu sehen vermochte, hatten reden hören:

«Hilf mir Corann, geübt im Singen und groß an Geschicklichkeit. Ich fühle mich überwältigt von einer Gewalt, wie ich ihr noch nie begegnet bin, seit man mich zum König machte, unsichtbare Gestalten überwältigen mich, schleppen mit Zauber meinen schönen Sohn fort. Von meiner Seite ist er gerissen durch den Zauber der Frauen.»

Da sang der Druide einen Zauber gegen die Stimme der Frau, so dass keiner sie mehr hören konnte, und auch Conle sah sie jetzt nicht mehr.

Als die Frau aber durch den mächtigen Gesang des Druiden vertrieben wurde, warf sie Conle einen Apfel zu. Und noch einen Monat nach diesem Vorfall war

Conle ohne Essen und Trinken und verlangte nach keiner Speise, außer nach seinem Apfel. Wieviel er jedoch auch essen mochte, der Apfel wurde nicht weniger, vielmehr blieb er immer ein ganzer Apfel. Dann ergriff Conle Sehnsucht nach der Frau, die er gesehen hatte.

Eines Tages, als der Monat herum war, stand Conle neben seinem Vater in der Ebene von Archommin. Da sah er wieder die Frau kommen, und sie sagte zu ihm: «Auf einem Hochthron sitzt Conle unter den gewöhnlichen Sterblichen und lebt seinem Tod entgegen. Das unsterbliche Leben lädt dich ein. Wir rufen dich zu Tethras Volk, das dich jeden Tag bei den Versammlungen in deinem Heimatland erblickt.»

Als Conn wieder die Stimme dieses Weibes vernahm, sagte er zu seinen Gefolgsleuten: «Ruft mir den Druiden! Ich höre, ihr ist heute wieder die Zunge gelöst.» Da sprach die Frau: «Conn von den Hundert Schlachten, verlass dich nicht auf deine Druiden, denn bald wird ein gerechter Mann kommen, mit großem Anhang und wird wunderbar Recht sprechen an unserer Küste. Bald wirst auch du unter seinem Gesetz stehen. Er wird den Zauber der Druiden lösen, und alles, was sie angesichts des Teufels, des Schwarzen Zaubers gelernt haben, wird ausgelöscht sein.»

Conn wunderte sich, dass Conle zu keinem sprach, als das Weib kam. «Hat dir, was das Weib sprach, das Herz durchbohrt?» fragte Conn. Und Conle antwortete: «Es ist nicht leicht für mich, denn ich liebe mein Volk, und doch hat das Verlangen nach jenem Weib mich ergriffen.»

Die Frau sprach: «Du kämpfst an gegen die Welle deiner Wünsche, die dich von ihnen fortträgt. In meinem gläsernen Boot fahren wir zum Feenhügel von Boadhagh, wenn wir bis dorthin gelangen. Es gibt ein anderes Land, und es wäre nicht übel, dieses Land zu erreichen. Die Sonne geht unter, sehe ich ...das Land ist weit, und doch werden wir dort sein, ehe es Nacht geworden ist. In diesem Land empfindet jeder, der hinkommt, Freude. Es sind auch noch andere Wesen dort, außer Frauen und Mädchen.»

Dann rannte Conle davon von den Seinen und sprang in ihr gläsernes Boot. Sie sahen sie weit in der Ferne. Ihre Augen konnten ihnen nicht mehr folgen, so weit fort ruderten sie auf dem Meer. Nie hat man wieder etwas von Conle und diesem Weib gesehen.

(Unbekannter irischer Autor – 8. Jahrhundert)

Frau Holle

In der Zeit zwischen den Jahren zog Frau Holle im Lande herum, die Holde Frau mit den vielen Namen: Frau Perchta (oder Berchta, Berta, Baita), Frau Gode, Frau Harke, Herke oder Erke, Frau Frigg, Luzia, die Lutz oder die Lutzelfrau, um nur einige der bekannteren zu nennen. Obwohl stets dasselbe Wesen, trat die Hohe Frau nicht nur unter regional völlig verschiedenen Namen auf, sondern auch mit verschiedenem Alter, Aussehen und Verhalten.

Wer ist sie überhaupt, diese Frau Holle? – „Die bedeutendste volksmythologische Gestalt unserer Märchen, Sagen, Gedichte, Lieder und Bräuche", sagen alte Brauchtumsbücher. Leider sind die genannten Kulturschätze nach zwei Weltkriegen kaum mehr bekannt, weil sie zerstört wurden wie die Häuser der Städte. Und was die Bomben im Krieg übrig ließen, zerstörte im folgenden Frieden desto sicherer das „Wirtschaftswunder" mit Film, Funk und Fernsehen, sowie in deren Gefolge neue „Kulturgüter" à la Mickey Mouse oder Batman. Für eine Frau Holle fehlte da die geistige Atemluft. Mehr als das gleichnamige Märchen der Brüder Grimm ist heute über diese Gestalt kaum noch bekannt. Dabei hat es im 19. Jahrhundert Dutzende von Märchen und Hunderte von regionalen Sagen über Frau Holle – Perchta – Luzia gegeben.

Zu Beginn des 20. Jahrhunderts sammelte der Dichter und Forscher Karl Paetow in Mitteldeutschland (vor allem Hessen) die dort noch vorhandenen Hollenmärchen und -Sagen und brachte sie als kleines Buch heraus, „Frau Holle – Volksmärchen und Sagen"[2]. Andere Volkssagen und etliche Lieder und Gedichte finden sich in dem 1942 verlegten Weihnachtsbuch „Im engsten Ringe" von Hertha Ohling. Letzteres vermittelt auch noch einen tiefen Eindruck von der äußeren und inneren Weihnachtsvorbereitung früherer Zeiten. Für uns Heutige aber erhebt sich die Frage: Wie soll die ehemals „bedeutendste volksmythologische Gestalt" auf die **heutigen Kinder** wirken, wenn eine entsprechende Kultur fehlt? Wir hätten manche Fragen und Probleme weniger, wenn Frau Holle auf die nach 1945 Geborenen etwas mehr hätte einwirken dürfen! Zunächst nun einige Brauchtumsbilder, Sagen- , Gedicht- und Liederbeispiele, um Frau Holle – Perchta – Luzia näher kennen zu lernen:

Holle[1]

Schneeflocken wirbeln um und um,
im Garten blüht die Weihnachtsblum´,
Frau Holle fährt im Land herum, –
Schnurre, Rädchen, schnurre!

Der Mond blickt aus dem Wolkengraus,
weist ihr den Weg zu jedem Haus,
dass sie die Flinksten findet aus –
Schnurre, Rädchen, schnurre!

Gewahrt sie wo noch einen Schein,
Frau Holle hält und schaut hinein,
die munter drehn, belohnt sie fein –
Schnurre, Rädchen, schnurre!

(Martin Greif)

(In der Vorweihnachtszeit zu singen, während aller Flachs versponnen wird!)

Schnee=flok=ken wir=beln um und um, im Gar=ten blüht die Weih=nachts=blum', Frau Hol=le fährt im Dorf her=um.. schnur=re, Räd=chen, schnur=re!

Frau Holle und der Bauer[1]

An einem Abend in der Weihnachtszeit ging einmal ein Bauer noch spät mit der Axt auf sein Feld hinaus. Es war bitterkalt. Der Wintersturm tobte und heulte, und die Schneeflocken wirbelten dicht vom Himmel herab. Da hörte der Mann auf einmal in der Ferne ein klägliches Weinen. Es klang wie das Jammern von Kindern, die sich im Schnee verirrt haben und müde sind und nicht mehr weiter wissen. Und wie er eilends ging, woher das Wimmern kam, da sah er plötzlich mitten auf dem Felde im weißen Licht der Winternacht eine hohe, leuchtende Frau. Ihr blauer Mantel wehte weit im Wind. Doch tief und warm in seinem Schatten barg sich kleines, wimmelndes Volk, und Kinderweinen drang aus dem Schutze der erddunklen Mantelfalten hervor.

Die Frau winkte. Da trat der Bauer herzu; und er sah, dass ein Pflug mitten auf dem Felde stand, an dem der Pflugbaum gebrochen war. Und er sah auch, dass Tausende kleiner Seelchen weinend den mächtigen Pflug umdrängten.

Da wußte er gleich, was die Frau von ihm wollte. Er ging näher – und bittend umdrängten auch schon die kleinen Leute ihm Füße und Knie.

Und der Bauer besann sich nicht lange. Er prüfte den Schaden. Dann nahm er seine Axt und hackte, behaute und glättete das Holz. Wunderbar leicht ging ihm die Arbeit von der Hand, und bald stand der Pflug festgefügt und brauchbar wieder auf dem Acker.

Fröhlich sahen es die Kleinen, sie klatschten in die Händchen und tanzten jubelnd um das heile Gerät. Die weiße Frau aber sagte: «Raff die Späne auf und nimm sie mit als Dank für deine Mühe!"

Indessen war leises, zirpendes Lachen und Lärmen um den Pflug. Hundert Händchen hoben ihn hoch und wendeten ihn. Und ehe sich´s der Bauer versah, war die leuchtende Frau, waren die tausend Kinderseelchen im Schneegestöber der Winternacht verschwunden.

Der Bauer aber stand und staunte mit offenem Mund. Und es wollte ihm wohl ein Traum scheinen, was er da soeben erlebt hatte. Aber dann sah er auf die Späne in seiner Hand – und er wusste wieder: es war Wirklichkeit. Doch kamen ihm die Späne, die er als Lohn erhalten hatte, vergeblich und unnütz vor. Darum ließ er die *meisten auf dem Felde liegen und nahm bloß zwei oder drei auf dem Heimweg in Gedanken mit. Wie er aber nach Hause kam und in die Tasche griff, waren die Späne eitel Gold geworden.*

Da wusste er gleich, wem er begegnet war, und dass er Frau Holles Pflug geheilt hatte. Schnell kehrte er um, noch die anderen Späne zu holen, die er auf dem Acker liegengelassen; doch so sehr er auch suchte, es war zu spät und nichts mehr vorhanden.

Aber auch mit den wenigen Spänen, die er gerettet hatte, war er reich genug belohnt. Und als der nächste Sommer kam, merkte er, dass Frau Holles Segen auf seiner Arbeit ruhte und dass seine Äcker doppelt so viel trugen wie in den Jahren zuvor. Denn wo die Lebensmutter mit ihrem Pflug in der Jahresnacht über die weißen Felder geht, da tragen sie in der Sommersonne reiche Frucht

Deutsche Volkssage

Frau Holle tut...

Frau Holle tut das Wasser tragen[1)]
Mit goldenen Kannen
Aus goldenem Brünnel
Drin liegen viel Kindlein.

Sie legt's auf die Kissen
Und tut sie still küssen
Und tut sie schön wiegen
Auf der goldenen Stiegen.

Frau Holle – Berchtas Ausfahrt von Alexander Six

Frau Holle am Hörselberg[2)]

Vor Zeiten, als noch die Felsenhänge des Hörselberges mit Urwald bedeckt waren und das wilde Getier in den Schluchten wohnte, da hauste hier ein armseliger Tagelöhner mit Weib und Kind in der Einöde. Über Sommertag verdingte er sich im Taglohn, und seine Frau wirtschaftete mit ihren beiden Töchtern in dem kleinen Hausgarten, oder sie saßen, wenn die langen Abende kamen, beim Kienspanlicht um den Ofen und ließen ihren Spinnrädern freien Lauf. So merkten sie kaum, wie arm sie waren, und wurden stark bei Brot und Brei und Ziegenkäse.

Als nun die drei Frauen wieder einmal so ganz alleine am Spinnrocken saßen, schlug der Nachtwind an alle Fenster und Luken und rüttelte an den Läden, dass es einem bange werden konnte. Die Mutter sagte: „Hat das nicht eben geklopft?" Die Jüngste erhob sich, zupfte ihre Schürze zurecht und riegelte die Tür auf. Da stand auf der Schwelle ein Mütterchen, zerzaust und gebückt und bat um ein Obdach. „Großmütterchen, frieret dich, setz dich hintern Ofen und wärme dich!" rief die Mutter, und schon holte sie eine Schale voll warmer Roggengrütze aus der Röhre.

Die Alte wärmte ihre klammen Hände an dem warmen Kumpf. Bald hatte sie den Brei aufgelöffelt und blinzelte nun schon ganz vergnüglich und neugierig um sich.

> *Fleißiges Mädchen,*
> *Kurzes Fädchen!*

lächelte sie und deutete auf die Spindeln.

> *So manches Haar,*
> *So manches gute Jahr!*

„Ach ja", nickte die Mutter, „ein guter Wunsch ist Goldes wert. Bertchen, hol doch mal schnell ein Glas Apfelwein aus dem Verschlag, das wir der alten Muhme gut tun."

Nun hatte die Wanderin schon ganz helle Augen, und als sie das Glas zum Munde hob, sprach sie dankbar: „Mir bekomm's, euch aber fromm's!" Dann schlürfte sie mit Wohlbehagen das sauersüße Getränk: „Vom Keltern versteht ihr was. Ihr solltet mehr davon machen!"

Die Mutter aber meinte, sie wären eben arme Leute und hätten nur den einen einzigen Baum, und der Garten reiche kaum für die Küchenkräuter. Dann wiesen sie der Alten das Bett in der Kammer zu, denn der Vater mußte heute sowieso beim Bauern schlafen.

Am Morgen hantierten die drei ganz sacht in der Hütte herum, um die Alte nicht zu stören. Als aber der Wind die Sturmwolken aufriß und die Sonne durch die winzigen Scheiben blickte, da klinkte die Mutter einmal vorsichtig die Tür auf, um nach ihrem Gast zu sehen. Das Bett war schon gemacht, und die Kammer lag ganz sauber im Morgenglanz. Aber von dem Mütterchen fand sich keine Spur. Da sagte die Mutter: „Kinder, das kann nur die Frau Holle gewesen sein. Was steht ihr so stutzig herum? Hurtig an eure Arbeit!"

Mit Spinnen und Singen ging ihnen der Winter dahin, und der Frühling machte es offenbar, wie richtig die Mutter geschlossen hatte. Denn als die Töchter eines Morgens durch die betauten Scheiben in den Garten lugten, da standen die schönsten Apfelbäume im Schneekleid der Blüte. Die waren gestern an dieser Stelle noch nicht gewachsen. Also konnten sie nur von Frau Holles Geistern in dieser Nacht gepflanzt worden sein. Denn sie ist ja die Herrin des Gartens, die Freundin fleißiger Spinnerinnen und gastfroher Herzen. Das war wohl nun ihr Dank für die gute Bewirtung. Und zur großen Freude der Frauen hörten sie nun ein wunderbares Brausen und einen Summesang im Gezweig der schneeigen Kronen. Da spielten abertausend Bienen und Hummeln. Die tauchten ihre Honigrüssel in alle Blütenkelche. Und die Bäume verspürten es prickelsüß bis herab zum feinsten Würzelchen im dunklen Erdreich. Und als Dank schwoll zum Herbst der Saft in die wangenroten Apfelfrüchte. Da kamen Frau Holles Zwerge und halfen dem Tagelöhner einen köstlichen Apfelwein zu keltern, dessen süße Würze alles übertraf, was sonst im Lande Thüringen geboten wurde. Gar bald ging das Geschrei von diesem Getränk durch das ganze Land, und der Mann mußte die Tagelöhnerei einstellen, um genügend Wein erzeugen zu können. Denn alle Welt wollte nur noch den Apfelwein aus Frau Holles Weingarten trinken. Also wuchs mählich von Jahr zu Jahr der Wohlstand dieser armen Familie, und bald konnten sie es den reichen Bauern gleichtun.

Der gute Ruf lockte auch weitere Siedler in jene Einöde. Später erstand dort, wo sonst nur Hasen und Füchse Verstecken gespielt hatten, das schmucke Dorf Weingarten am Höselberg. Alle Neubauern suchten es dem Tagelöhner gleichzumachen, aber keiner konnte mit seinem Kellerertrag einen solchen Erfolg erringen. Denn wo Frau Holle selber gepflanzt hat, da wächst nun einmal die edelste Frucht.

Schneeflockenlied

Es steht ein Schloss in Schnee und Eis
aus schimmernden Kristallen.
Es hängt das Mondlicht silberweiß
an Tor und Turm und Hallen.

Schneekönigin, Schneekönigin,
mit langen, langen Locken,
die sitzt im Zauberschlosse drin
und spinnt an ihrem Rocken.

Sie spinnt mit weicher Frauenhand
viel weiße, weiße Sterne,
die weht der Wind wohl übers Land
weithin in weite Ferne.

Schneekönigin, Schneekönigin,
die spinnt an ihrem Rocken –
dann fallen auf die Erde hin
schneeweiße Silberflocken.

(Manfred Kyber)

Die Kindelwiese[1]

Es redet so viel im Dorf von einer Wiese hinter dem Buschwald, aber niemand findet sie. Nur Marikestin, die alte Kindelmuhme, weiß wo sie liegt – aber sie sagt es nicht, ach nein. Sie hat einmal hingefunden und deshalb ist sie Kindelmuhme geworden!

Zu Urgroßvaters Zeiten ging Marikestin noch jung und schön einher. Alljährlich zur Weihnachtszeit holte sie aus dem Buschwald die gefrorenen Schlehen zum Winterpunsch und die Mispel für das Hoftor. Dabei geriet sie auf den Tannenweg, den sie nie vorher gesehen hatte. Ja, damals war sie wirklich noch jung und unerfahren, deshalb ging sie neugierig weiter und weiter...

Es war ein grauer, stiller Wintertag, in der Luft hingen dicke Schneewolken, die gleich zu platzen drohten. Wie erstaunte Marikestin, als sie zu einer Lichtung kam – was war das für eine Lichtung? Dort schien es heller Frühling zu sein. Die Vögel sangen hell und klar, die Blumen blühten in allen Farben; wahrhaftig, Marikestin erkannte Windröschen, Goldnesseln und Seidelbast!

Am Wiesenrand streckte ein alter Eschenbaum seine frischgrünen Zweige über einen Brunnenrand, auf welchem eine Frau saß, so wunderschön von Angesicht, dass man es nicht beschreiben kann. Sie trug eine hohe, goldgestickte Haube, so wie die jungen Mütter weit im Norden sie zu tragen pflegen, und ein lichtrotes Kleid dazu, mit perlgeschmückten Schließen an Hals und Ärmeln.

Und sie wiegte – nicht ein Kindlein – nicht zwei – nicht drei – nein, viele hundert wiegte sie, all an goldenen Bändeln, die sie in den Händen hielt.

Die Kindelwiegen sahen aus wie Schneckenhäusel und waren auch nicht viel größer. Drin lagen Kindel mit geschlossenen Äuglein, ratzekahl und nacket, wie die neugeborenen Mäusel...

Gar zu gern hätte Marikestin eins in der Nähe besehen, und sie schlich leis heran. Aber da sah sie einen irrlichterigen, flammendroten Seitenfaden schillern, der war rings um die ganze Wiese gezogen und am Eschenbaum festgebunden.

„Ei", dachte sie, „so ein kleines Fädchen soll mir nicht im Wege sein!" und fasste zu mit Daumen und Zeigefinger ... o weh, das brannte wie Feuer!

Da wusste Marikestin, dass sie auf die Kindelwiese der Frau Holle geraten war, und da saß ja leibhaftig die Hollefrau auf dem Brunnenrand und wiegte und lachte…

„Willst ein Kindel han?" fragte sie freundlich.

„O je, nein!" rief Marikestin erschrocken, „bin selber ein Herrgottskindel, hab´ nicht Vater noch Mutter, kein´ Mann und kein Haus!"

„Dann geh in die Burg!" rief Frau Holle zurück, „da ist heute früh eins hingebracht worden, und sie suchen eine Kindelmuhme dazu!"

Hei! sprang Marikestin den Weg zurück, so schnell sie konnte – Mispel und Schlehen waren vergessen – lief geradewegs in die Burg hinein zu unserer Urgroßmutter. „Die Hollefrau hat mich hergeschickt!"

So wurde Marikestin die Kindelmuhme von unserer Großmutter und ist bei uns geblieben ihr Leben lang. Denn immer, wenn eins laufen konnte, kam ein neues Kindel an.

Dreimal gab es eine Pause, dann sorgte Marikestin für die Küken im Geflügelhof, weil sie doch immerzu Neugeborenes aufziehen musste. Und ich bin das letzte Kindel gewesen, das sie betreute….

(Dorothea Kramer)

Das Spinnweib im Hüggel bei Osnabrück[2]

In jenen verflossenen Zeiten, da noch die Unterirdischen in den Höhlen der Heimat ihre Wohnungen hatten, waren sie damals auch im Hüggel bei Osnabrück zu Hause. Als kunstreiche Schmiede haben sie dann den Menschenkindern so mancherlei Geschmeide verehrt und zuweilen auch Hausrat für das Bedürfnis des Alltags.

Nun lebte in jener Gegend vor vielen hundert Jahren ein Junker von Stahl. Der hatte seiner Braut eine Morgengabe von großer Gediegenheit versprochen. Und weil er sich von der Kunst der Skönauken – wie man die lüttgen Schmiedemeister im Hüggel auch wohl genannt hat – ein ganz besonderes Lob versprach, so versuchte er, mit elbischen Bergbewohnern in Verbindung zu kommen. Zunächst legte er, wie das damals allgemeine Gepflogenheit war, einen Wunschzettel mit den nötigen Scheide-münzen vor den Eingang zu jenen Bergwohnungen. Aber am kommenden Morgen lag das Geld noch immer dort, und Brief und Siegel waren unberührt. Auch konnte er weit und breit den Gegenstand nicht finden, den er bei den emsigen Zwergen bestellt hatte: nämlich eine Silberkanne als Willkomm für sein Haus.

Als er nun seinen Auftrag mehrfach, aber ganz vergeblich wiederholt hatte, be-schloss er, gegen den Rat seiner Freunde selber ins Reich der Unterirdischen einzu-dringen. Da er aber ein vorsichtiger Mann war und wusste, wie leicht man sich in Labyrinthen verlaufen kann, so knotete er eine Leine, nicht weniger lang als jener berühmte Adriadnefaden, um einen Baumstamm und trat mutigen Herzens in jene Höhle.

Mit einem kümmerlichen Öllicht tastete er sich vorwärts, während die Schnur in der anderen Hand auf einer kleinen Weifel abschnurrte. Da sich ihm aber weder Wesen noch Unwesen zeigen

wollten, so drang er immer tiefer in den Berg vor, ohne auch nur eine Fußspur wahrzunehmen. Schon wollte er enttäuscht den Rückweg antreten, da musste er zu seinem Schrecken erkennen, dass der Faden, an dem sein Leben hing, abgerissen war. Nun suchte er vergeblich nach dem Ausgang. Immer tiefer nur verlief er sich in den verschlungenen Gängen des Gebirges. Bald musste er sich ducken oder auf allen Vieren kriechen, bald stand er in hallenden Gewölben. Aber ein Ausweg aus dem Hüggel mochte sich ihm nirgends weisen. Müde und traurig hockte er sich auf einen nassen Stein und wischte sich den Schweiß von der Stirn. Denn an den Felszacken hatte er manche Schramme abgekriegt.

Obendrein knurrte ihm der Magen, und vergeblich kramte er in seien Taschen nach einem Stücklein Brot. „Das hast du nun von deinem Leichtsinn, du Narr!" schalt sich der Verirrte, und Tränen stiegen ihm auf, als er an seine Mutter und sein Mädchen dachte.

Da erglommen zwei winzige Lichter in der Tiefe und kamen auf ihn zu. Bald erkannte der Jüngling die Augen einer mächtigen Dobbe. Der Hund schnubberte an ihm herum, brummte friedlich und trottete seinen Pfad zurück. „Wo ein Hund ist, muss auch der Herr sein", meinte der Verirrte, erhob sich voll Hoffnung und schlich dem Tiere nach. Schließlich gelangte er in eine gewaltige Halle. Im ungewissen Däm-mer des Raumes erkannte er viele Bänke, Stühlchen und Tische, als wäre hier der

Festsaal für ein ganzes Zwergenvolk. Über allem aber schwebte ein gewaltiger Eisenstein an einem dünnen Faden vom Gewölbe herab.

Inmitten der Halle saß ein uraltes Spinnweib, und ihm zu Füßen lagerten zwei blutrünstige Rüden. Überglücklich ein menschliches Wesen gefunden zu haben schritt der Junker auf die Gruppe zu und sagte: „Verehrungswürdige Muhme, könnt ihr mir sagen, wie ich aus diesem verwunschenen Berglabyrinth wieder hinaus finde?" Die Spinnerin legte ihren knöchernen Finger auf den welken Mund und sprach mit einer knarrenden Stimme: „Hüte dich vor den Hunden."

Behutsam schlug der junge Mann einen Bogen um die Dobben und trug sein Anliegen vor, denn nun hoffte er auch wieder auf die bewusste Kanne.

Da steckte sie die Spindel in den Wocken, ergriff einen Spinnstab und humpelte ihm voraus. Nach kurzem Gang schon blinkte fern ein goldgrüner Strahl. Da steckte die Spinnfrau ihren mageren Arm tief in eine Felsspalte und zog eine silberne Kanne hervor, genau so eine, wie sie der Junker sich gewünscht hatte. Die reichte sie dem Jüngling und sprach: „Kehr um und lass dich hier nie wieder blicken. Die Kanne aber verwahre wohl in deiner Sippe. Solange sie unversehrt bei euch bleibt, wird dein Stamm blühen von Kind zu Kindeskind."

Der Jüngling stotterte beglückt seinen Dank, aber die Alte aus dem Berge war verschwunden, und er fand sich plötzlich unter hohen Bäumen im grünen Wald. Ganz nah hörte er die Glocken von St. Gertruden bei Osnabrück. Er musste eine weite Strecke unter dem Berge gewandert sein.

Die Silberkanne aber, das Werk der Unterirdischen, soll sich noch heute im Hauschatz der Familie von Stahl befinden. An ihrem Lippenrand ist die Jahreszahl 1500 eingraviert.

Das Hollehaus[1]

Es schneit der Schnee, ein Windlein rauscht,
Frau Holle steht am Tor und lauscht.
Am weißen Dächlein hängt sie dann
Viel glaskristall'ne Zapfen an.

Sie schmückt, gar prächtig anzuschau'n,
Mit Perlkettlein den Gartenzaun;
Dann pflückt sie sich im Mondenschein
Eisblumen für ihr Fensterlein.

So steht ihr Häuslein wohl geziert,
Wenn es auf Erden Weihnacht wird.
Es schneit der Schnee, ein Windlein rauscht –
Frau Holle steht am Tor und lauscht.

Die Spinnerin am Berge[2]

Es hatte ein Bauer mehr Schulden auf dem Buckel als Steine auf seinem schlimmsten Acker. Und wie er es auch anfing, seine Wirtschaft ging den Krebsgang. Als er nun wieder einmal kummervoll nach seinem Glücke Ausschau hielt, als käm´s ihm über die Straße in seine Stube gelaufen, warf ihm der Postbote einen Brief auf das Fensterbrett. Aber am Siegel sah er schon den Absender, seinen ärgsten Gläubiger. Der schrieb ihm knapp und klar, er wolle sein Geld zurück. Sollte der Bauer aber nicht zahlen können, so würde er ihm das Dach überm Kopf und das Bett unterm Leibe pfänden.

Da machte sich der bedrängte Mann – ich glaub, er hieß Katzenhannes – auf den Weg in das nächste Dorf, seinen harten Gläubiger noch einmal um eine Gnadenfrist anzugehen. Er nahm dabei seinen Weg über die alte Burg, denn es pressierte ihm gar nicht, und außerdem meinte er: „Kommt Zeit, kommt Rat“. Als er oben stand und den Angstschweiß aus der Mütze wischte, da erblickte er vor sich am Wegrand eine weißgekleidete Frau. Die saß da so und spann in den Wind. Dabei blickte sie ihn freundlich an und nickte sinnend mit dem Kopf. Dann tippte sie mit dem Finger auf ein schlohweißes Laken, das vor ihr lag. Auf dem waren lauter Samenkörner vom Flachs gehäufelt, als sollten sie da in der Sonne dörren. Der Katzenhannes hatte schnell erkannt, dass er sich davon einstecken dürfe, griff im Vorüber in die Graupeln und grapschte sich ein paar Hände voll in den Hosensack. So kam er denn halben Mutes ins Tal und sprach bei dem Geizkragen ein. Er bat hübsch bescheiden um Stundung der Zinsen, aber vor tauben Ohren. Dann jammerte er herzbrechend über die schlimmen Zeiten. Doch der Unbarmherzige griff mit dem Daumen ins Ärmelloch. „Katzenhannes“, sagte er kalt, „sei kein Narr. Hast du was unter dem Daumen, so hast du Kredit. Hast du nichts, kommt alles unter den Hammer. Da beißt keine Maus den Faden von ab, Punkt!“

Ach, bei meinen drei mageren Kühen“, jammerte Katzenhannes, um Zeit zu gewinnen, „ach, hätt´ ich doch nur so viel Geld, als Körner auf dem Tuch der Spinnerin liegen!“

Jetzt spitzte der andere die Ohren: „Was sagst du da, Katzenhannes? Goldkörner auf einem Tuch? Mach keinen Spuk am hellen Mittag!“ „Goldkörner habe ich nicht behauptet“, wehrte der Bauer ab, „aber seltsam war´s schon.“ Und zum

Beweis kramte er ein paar von den Flachsknotten aus der Tasche. Die aber waren inzwischen – o Wunder! – wirklich zu Gold geworden.

Da hättet ihr einmal den alten Geizhals sehen sollen, wie der nach Luft schnappte. Keine zehn Ackergäule hätten ihn mehr gehalten. Und unser Bauer, auch nicht faul, lupfte die Beine. Beide sprangen wie junge Hasen den Burgberg hinauf. Denn jeder wollte den ersten Griff in den Goldhaufen haben. Als sie dann endlich mit fliegendem Atem am morschen Gemäuer standen, waren Spinnerin und Laken wie weggeblasen. Da glotzten sich Bauer und Gläubiger an wie die Ochsen das neue Tor.

Nun liefen die zwei zum Goldschmied. Der wog die Körner, welche dem Bauern geblieben waren, aufs Tüttelchen aus, lobte die Reinheit des Goldes und gab einen hohen Preis. So konnte der arme Mann sich freikaufen und behielt auch noch ein hübsches Sümmchen für seine Wirtschaft zurück. Und weil er sein Gut mit Klugheit mehrte, so wandelte sich sein Geschick. Wenn aber einer ihn ausfragen wollte, woher ihm sein Wohlstand zugewachsen, dann schmunzelte er: „Im Himmel war Jahrmarkt; da habe ich das große Los gezogen!"

Frau Holle und die Bäuerin[1]

Eine Sage aus Ostpreußen

Früher wurden in Masuren in den Tagen zwischen Weihnachten und dem Perchtentag die Federn geschlissen. Wenn draußen der Schnee Wälder und Felder und Wege tief zudeckte und wenn in den Dörfern die Eisblumen, die der Frost an die Fensterscheiben malte, so dick wurden, dass man nicht hinaus sehen konnte und es schon am frühen Nachmittag im Hause dämmerig war, dann saß man in der Küche rings um die große Federtrommel, in welche die Federn geschlissen wurden.

Zwischen den Doppelfenstern lag frisches Moos und leuchtete sommerlich grün in das Zimmer. In der Backröhre des Herdes brutzelten die Äpfel. Ihr süßer Duft vermischte sich seltsam und geheimnisvoll mit dem herben Duft der Tannenzweige, die an der dunklen Decke zwischen die Balken geklemmt waren und daran erinnern sollten, dass es Weihnachtszeit war.

Es war ganz still in der Küche. Weihnachtlich still. Man hörte nur das leise Ticken der Uhr und das Schleißen der Federn. Und jedes Mal, wenn eine Seite vom Federkiel abgezogen wurde, hörte es sich an, als ob ein feines, zartes Kinderstimmchen leise rief oder klagte.

Und eine Sage wurde wach in diesen stillen Stunden der Mittwinterzeit:

Vor langer, langer Zeit wirtschaftete auf einem großen Bauernhof eine blitzsaubere junge Bäuerin. Sie war nicht nur schön, sondern auch fleißig, und nie sah man sie die Hände in den Schoß legen.

Nun waren einmal wieder die zwölf heiligen Nächte der Weihnachtszeit gekommen: die Zeit, in der mit dem Frieden der Natur auch die Menschen Einkehr halten und stille werden sollen; die Zeit, in der Frau Holle über das Land geht; in der sie nach den jungen Saaten sieht, ob sie auch warm liegen unter dem Schnee – und nach den jungen Frauen, ob sie auch ihrem Kindlein, das sie bald wiegen sollen, ein weiches Bett bereitet haben. Ganz still wird es dann im Land und auf den Höfen, damit das Leben nicht gestört wird, das wachsen will in der Winternacht.

An einem Abend dieser stillen Zeit saß die junge Bäuerin allein in der Stube. Die Knechte und Mägde waren in der Gesindestube, und der Jungbauer war zu einem Nachbarn ins Dorf gegangen. Es war so still, dass die junge Frau nur das Pochen ihres eigenen Herzens zu hören glaubte: es pochte geradeso wie eine feine, zarte Wiege – hin und her, und her und hin....

Zuerst ging die Bäuerin ruhelos durch das Zimmer, denn das Nichtstun wollte ihr nicht gefallen. Immer wieder sah sie nach der Ecke, in der das Spinnrad stand und Weihnachtsruhe hatte; und endlich holte sie es hervor und begann zu spinnen. „Es sieht doch niemand hier, wenn ich ein wenig spinne", dachte sie.

Wie sie aber ein paarmal das Rad gedreht hatte, stach sie sich tief in den Finger. Sie stieß einen Schmerzenslaut aus und versuchte, das Blut zu stillen. Da hörte sie plötzlich eine mahnende Stimme: „Du weißt doch, dass du in diesen Tagen nicht spinnen sollst und dass kein Rad sich drehen darf in dieser heiligen Zeit".

Die Bäuerin erschrak. Doch als sie aufschaute, sah sie ein helles, gütiges Frauenantlitz, und alle Angst war ihr mit einem Mal geschwunden. „Wer bist du?" fragte sie leise. „Ich bin die Frau Holle", antwortete die fremde Frau. „Und ich will, dass ihr Ruhe haltet in den Zwölften, wie die Erde Ruhe hält und auf das neue

Leben wartet." "Ich kann aber doch nicht ohne Arbeit leben", klagte die junge
Bäuerin. Frau Holle sah sie freundlich an: "Du trägst ein Kind unter deinem Her-
zen. Wenn du nun durchaus etwas tun willst, dann schleiße die Federn, die du von
deinen Gänsen gerupft hast, damit dein Kindlein, wenn es auf die Welt kommt, ein
weiches, warmes Bettchen hat! Sieh ich decke ja auch das junge Leben mit dem
Schnee zu, damit der Frost es nicht vernichten kann."

Wie im Nebel war die Gestalt verschwunden – und es war kein anderer Laut mehr in der kleinen Stube als das leise Pochen und Wiegen des Herzens. Da holte die junge Frau ihre Federn herbei und schliss sie und machte daraus ein Bettlein für das Kind, das sie unter dem Herzen trug....

(Hertha Ohling)

In den heiligen Nächten[1]

In den heiligen Nächten zur Weihnachtszeit,
Wenn Frau Holle die Erde besucht,
Blühen hell in den Gärten die Bäume auf
Und tragen goldene Frucht.

Mit zärtlicher Hand bricht Frau Holle sie ab
Und schenkt sie dem Weihnachtsmann,
Daß er mit all dem kostbaren Hort
Seine Bäume schmücken kann.

Schwer trägt er im Sacke von nah und fern
Die Äpfel und Nüsse zuhauf.
Wie strahlen im Weihnachtslichterglanz
Am Tannenbaum golden sie auf.

In den hei=li=gen Näch=ten zur Weih=nachts=zeit, wenn Frau Hol=le die Er=de be=sucht,___ blü=hen hell in den Gär=ten die Bäu=me auf und tra=gen gol=de=ne Frucht.___

Der Heimchenkönigin Überfahrt[2)]

Diese Geschichte geschah in jenen Tagen, da noch Frau Berchta um die Weihnachtszeit überall in den Menschenlanden gesehen wurde und zu den Menschenkindern ging, um ihnen Hilfe und schöne Geschenke zu bringen. Es war aber wieder Berchtenabend, den das Volk auch Frau-Hollen-Abend oder Dreikönigsfest nennt. Dazumal hörte der Fährmann, der schon in seiner Schlafbutze lag, den alten Ruf „Hol über". Er vernahm ihn nur ganz fern wie im Traume und griff mit der schweren Faust nach dem Bettrand. Wer wohl um diese Stunde noch reisen mochte. Der Schiffer hob sich aus alter Gewohnheit vom Stroh und rutschte gähnend in seine Wasserstiefel. Im Herd verglomm das letzte Scheit. Er blies ihn an und hielt den Span darüber, bis dieser ein rotes Flammenhütchen auffing. Mit dem entzündete der Graubart die siebartige Windlaterne. Dann warf er fröstelnd den Mantel über, griff aus dem Winkel die große Stake und stapfte zur Türe hinaus. Er ging im Nachtwind mit schwankendem Schiffergang zur Fähre nieder, den altvertrauten Pfad, den schon sein Ahn trat, und den er selbst wohl tausendmal gegangen und gekommen war. Die Wiese war verharscht. Er spürte das Scheuern der Eisnadeln an seinen Sohlen. Das Wehr der Mühle rauschte fern herauf. Und weiter stieg der alte Mann zum Ufer nieder, wo die Weiden im Nachtwind wehten, und dabei zählte er die Glockenschläge vom fernen Dorf.

Als er jetzt seine Augen aufhob, da erblickte er über dem dunklen Fließband des Stromes wie aus Nebeln gesponnen ein mächtiges Weib. Das winkte und rief durch die hohle Hand: „Hol über!"

Soll er Gespenster fahren um Mitternacht? Der alte Griesgram stockte. Dann drehte er sich auf dem krummen Hacken und wendete seinen runden Rücken dem Strome zu. Er dachte nur dies: Was da am anderen Ufer steht, das kann er nicht fahren. Und dennoch hielt es ihn mit Zaubergewalt, und es bannte ihn ein neuer Ruf.

> *„Bedenke das Fährmannsgebot!*
> *Weigerst du diese Fracht,*
> *Verweigert dir unser Herrgott*
> *Die letzte Überfahrt!"*

Der traf den Alten in sein Gewissen. Denn Fährrecht ist Fährpflicht und ihm zur Treue aufgetragen. Wen hatten seine Ahnen nicht alles gefahren: Freunde und Feinde, Könige und Bettler, Kaufleute, bestaubte Wanderer und wildes, buntes Kriegsvolk. Sollte er heute Nacht die Fahrt verweigern, wo er selbst Lumpengesindel und Zigeuner nicht hatte fürchten dürfen?

Indem vernahm sein Ohr ein Gezirpe im Wind wie von Kinderstimmen. Brummend drehte sich der Alte wieder um und stapfte die Stufen zum Ufer nieder. Er löste die rostige Kette vom Weidenstumpf und stieß sich los. Die Laterne schaukelte am Bug, das Boot aber fuhr so ruhig und weich auf der dunklen Flut. Was da unter ihm leise gegen die Bootswand schlug, das gab ihm Mühe und Lohn und tägliches Brot. Aber als er drüben ans Ufer stieß, da war das Weib zur Riesin aufgewachsen. Sie winkte ihn her: „Musst dreimal fahren, wir sind noch mehr!"

Da saß dem Alten das Grauen schon wieder im Nacken. Doch wagte er nicht mehr zu wenden. Da macht Frau Berchta aus Daumen und Zeigefinger ein Guckloch und hieß ihn hindurch schauen. So sah er die Heimchen, eine Welle von blonden Lockenköpfchen, die ergoss sich in seinen Kahn, der eintunkte bis an den Rand. Und noch quoll es heran mit bunten Körbchen, den Rucksack Huckepack. Die Kleinsten ritten auf Ziegenböcken, andere schleppten an einem schweren Pflug. Der Alte kratzte sich hinter der Mütze und dachte: „Ob die auch alle wohl Fährgeld zahlen?" Aber Frau Berchta erriet seinen Zweifel und befahl: „Fahr zu!"

Und der Schiffer stakte sich los mit der zirpenden Last. Hart ging es gegen den Strom, aber er spürte die Abtrift kaum. So trieb denn sein Boot wie vom Geisterwinde dem Ufer zu. Drüben zog er schnell seine Kappe und hielt sie den Kindern unter die Nase, damit ihm keines vorbei schlich. Aber ein jedes warf klipperklapper den Fährlohn hinein. Davon rundete sich die Mütze und war bald prall wie ein Sack. Noch zweimal trieb er die Fähre von Ufer zu Ufer, dann zog der Geisterzug mit Saitenspiel und Gesumme dem Bergwald zu.

Dieweil nun der Fährmann seine Arbeit glücklich vollbracht hatte, kriegte ihn auch schon der Geiz am Kragen, dass er gar nicht abwarten konnte, den Fährlohn zu zählen. Noch war die Königin mit dem Gefolge nicht in den Schatten der Wälder eingetaucht, so hob er schnell die Laterne auf den Landepfosten und schüttete hastig den Inhalt der Mütze ins Sacktuch. Aber wo er vermeinte, Pfennige, Groschen oder gar Gold zu finden, lag da nur ein schmutziger Haufen von Kieseln nüchtern und nass auf dem Boden. Fluchend warf er die unnützen Dinger in den Fluss. Dann schwankte er grollend der Hütte zu.

Die ganze Geschichte war ihm ja gleich nicht geheuer gewesen. „Müssen die mich Armen noch um das Fährgeld prellen", knurrte er vor sich hin.

In seiner Kammer riss der Alte die Kappe vom Kopf. Da sprangen zwei Münzen ihm über die Nase und rollten unter den Ofen. Wie er aber den blanken Dingern nachgriff, so waren sie von purem Golde. Eilig lief der Alte noch schnell wieder herunter zu seinem Boot. Er griff in den Fluss, um nach den weggeworfenen Steinchen zu suchen. Doch konnte er keine mehr finden.

Wie zu ersehen, ist die Hohe Frau vielseitig tätig und anfangs nicht leicht durch alle Geschichten, Lieder und Gedichte hindurch als ein und dasselbe Wesen zu identifizieren. Ein Mehr an Beispielen ergibt aber schließlich folgendes Bild: Frau Holle tritt uns im Gefolge tausender kleiner Kinder oder Seelchen, der „Heimchen", entgegen. Dies sind laut Sage die Seelen all derer, die im kommenden Jahr auf Erden geboren werden. Oft ziehen die Kinder einen Pflug, den Frau Holle – Perchta – Luzia führt. Solches geschieht zumeist im Winter, vornehmlich während der Rauhnächte; neue Fruchtbarkeit zieht dadurch in die Natur, in Äcker, Gärten, Obsthaine und Ställe ein.

Weiter wird die Holde Frau mit Spindel oder Spinnrad und Rocken dargestellt. Was sie spinnt, sind die Schicksalsfäden der Menschen. Als Herrin des Schicksals tritt sie auf, als Ratgeberin oder Richterin, die neue Wege weist oder alte verwehrt; die Menschen belohnen, aber auch strafen kann – man denke nur an „Goldmarie" und „Pechmarie" im Grimm'schen Märchen.

Dass Frau Holle mit ihrem Aussehen erschreckt, wird ebenfalls dort erwähnt. Viele ihrer zahlreichen Darstellungen können sich auch in ein dämonisches Zerr- oder Schreckbild verwandeln.

Ob nun mit holdem Antlitz oder in der Schreckgestalt, sie tritt sowohl als Einzelwesen, wie auch als Dreiheit oder in Rudeln auf. So gibt es in manchen Gegenden die drei „Hulden", „Hullen" oder „Holden", andernorts die drei „Perchten", „Berchten" oder „Baiten". Dieses Phänomen wird uns später noch beschäftigen.

Versuchen wir zuvor, jener Anderswelt, aus der heraus auch Frau Holle wirkt, etwas näher zu kommen. Dabei können uns Heutigen – die wir in einem vergleichsweise nüchternen Zeitalter leben – ältere Anschauungen durchaus helfen. Lassen wir uns von solchen ruhig an der Hand nehmen; schließlich geht es dabei auch um den Neugewinn der Weihnacht!

Die Schwellen

Wer in ein Haus eintritt, durchschreitet die geöffnete Tür über eine Schwelle. Wer die Tür verschlossen findet, kann sich allenfalls platt an sie drücken, um der Schwelle möglichst nahe zu kommen: dann ist er weder ganz drinnen, noch ganz draußen. Von beiden Seiten bekommt er – je nach Dicke der Tür – vielleicht ein wenig mit. Das gilt ebenso für Schwellen im übertragenen Sinne. Es gibt Menschen, die in einer bestimmten Lebenslage Schritte in die Anderswelt hinein getan haben – die Tür stand für sie offen, sie konnten die Schwelle überschreiten. Zumeist geschah das unbewusst, manchmal sogar unbemerkt. Als Beispiel dafür den Beginn einer walisischen Sage, „Der Prinz von Annun"[4]

Der graue Jäger[4]

Mitten in der Nacht fuhr Herr Pwyll plötzlich aus dem Schlaf. Es war ihm, als hätte er seinen Namen rufen hören. Er warf die Felldecken zurück und richtete sich auf. Durch die Fensterluke des Vasallenhofes sah er den untergehenden Mond. Die Nacht war sternenlos und schwarz.

Herr Pwyll sprang vom Lager und schüttelte den Knappen, der auf dem Fußboden schlief. „Wach auf, mein Junge!" rief er, „Wecke die Gesellen! Es ist Zeit für die große Jagd!"

Nach und nach wurden sie munter im Lager. Sie bliesen die verglühten Feuer an und kochten die Morgensuppe. Die Herbstnacht war kalt in Wales, und es war noch lange bis Tagesanbruch.

Untereinander verwünschten Herren und Gefolge die Laune des jungen Stammeskönigs, der sie so früh aus dem besten Schlaf gerissen hatte. „Gebe Gott, er fände bald eine hübsche Frau. Dann wäre er nicht mehr so aufs Frühaufstehen versessen", brummte der eine. „Eine Frau zu finden, fiele ihm nicht schwer. Aber es treibt ihn etwas herum, dass er nirgends zur Ruhe kommen kann", meinte ein anderer. So sprachen die Knappen und Sattelknechte untereinander. Die Herren des Gefolges schwiegen. Des Königs Unruhe hatte auch sie erfasst. Es lag etwas in der kalten Dunkelheit vor dem Morgengrauen, das sich bleiern auf die Gemüter legte.

Jagte der König wirklich zu seinem Vergnügen? Oder war er der Gejagte? Keiner wagte die Frage zu stellen. So ritten sie schweigend nach Nordosten, wo des Königs große Wälder lagen.

Im ersten Morgengrauen erreichten sie Glyn Cuch, den Finsteren Wald. Düster und drohend standen die schwarzen Stämme. Ein bleicher Nebel stieg aus dem Grund.

Als sich die Herren um den König gesammelt hatten, hieß Pwyll den Jägermeister das Signal zum Beginn der Jagd geben. Weithin schallte das Jagdhorn. Der Jägermeister ließ die Hunde los, und sie stürzten sich mit wildem Gebell ins Dickicht, der König und sein Gefolge hinterher.

Es war schwer, der kläffenden Meute zu folgen. Unter den Bäumen war das Dunkel noch dicht. Pwyll ließ seinem Rappen Cein Galed die Zügel, und sicher setzte der Hengst die Hufe auf dem pfadlosen Waldboden. Wieder und wieder stieß er in sein Horn, aber die Antwort kam aus immer größerer Entfernung.

„Ich muss bei den Hunden bleiben", dachte er. „Die Hunde haben etwas aufgestöbert." Seine Leute waren weit hinter ihm zurückgeblieben. Keiner vermochte Herrn Pwyll zu folgen, wenn er auf Cein Galed dahin brauste. Der junge Fürst war allein mit seinem Tier.

Pwyll versuchte, durch die kahlen Baumkronen nach dem Himmel zu spähen. Wie kam es, dass es nicht heller wurde? Die Sonne hätte längst aufgehen müssen.

Aber die kalte, stille Dämmerung wollte nicht weichen. Das Gebell der Hunde hatte sich in der Ferne verloren. Herrn Pwyll fröstelte.

Plötzlich begriff er nicht mehr, warum er seine Leute zu solcher Eile angetrieben hatte. Die Astlöcher an den Bäumen schienen ebenso viele graue Augen, die ihm schweigend nachsahen. Hin und wieder konnte er zwischen den Stämmen eine Steinsäule erkennen, Menhirsteine, Male der Erdmutter, die hier seit eh und je das Land gehütet hatten. König Pwylls Stamm verehrte den Himmelsgott, den Vater aller. Aber hier in der Düsterheit des Waldes, wo man den Himmel nicht sehen konnte, mochte es wohl besser sein, zu ihr zu beten. „Herrin der Waldtiere, vergib uns Jägern ...", begann er zögernd. Doch dann schüttelte er energisch den Kopf. „Vater Cernunnus, Herr der Hirsche, verleih mir eine gute Beute!"

Als hätte der Gott sein Gebet gehört, vernahm er auch den Laut der Hunde wieder ganz in der Nähe und sah einen herrlichen Vierzehnender durch die Bäume brechen. Wie ein schwerer Zauber fiel es da von ihm ab, und pfeilschnell schoss Cein Galed der Beute nach.

Der Hirsch musste einen Bogen geschlagen haben, denn plötzlich waren auch die Hunde wieder um ihn. Jeden Augenblick mussten sie die Beute stellen. Aus kurzer Entfernung sah er eine Waldlichtung und den Hirsch darüber hin jagen, sah die Hunde ihn einholen und griff nach seinem Speer.

Er wollte gerade den Hunden zurufen, da blieb ihm vor Schreck und Staunen der Ruf in der Kehle stecken: – hoch auf bäumte sich der Hirsch, und zwei oder drei Hunde hingen an seinem Hals. Unwillkürlich riss Pwyll die Zügel zurück. Der Hengst stieg und hätte ihn fast aus dem Sattel geworfen. Gleichzeitig verstummten seine Hunde und wichen winselnd zurück.

Eine fremde Meute hatte den Hirsch gestellt und getötet, und es war diese fremde Meute, die ihn und seine Tiere so erschreckt hatte. Noch nie hatte Pwyll solche Hunde gesehen. Sie waren schneeweiß, ihre Ohren und Augen aber waren leuchtend rot. Aus ihren Kehlen kam kein Laut. Etwas Unheimliches ging von ihnen aus, und Pwyll sah, wie seine eigenen Tiere vor Furcht zitterten. Cein Galeds Mähne sträubte sich. Seine Hufe scharrten auf dem Boden, aber er konnte nicht vom Fleck.

Zornig über sich selbst und seine Tiere, sprang der König vom Pferd. Mit der Reitgerte versuchte er, seine Hunde auf den Hirsch zu treiben. Vergebens. Zitternd und mit flehenden Augen blickten sie ihn an und von ihm wieder auf die weißen Bestien.

Dies war nicht der Augenblick, sich vor seinen eigenen Tieren schwach zu zeigen. Er zog sein Weidmesser und schritt entschlossen auf die Lichtung hinaus. „Sie werden mir folgen, wenn ich erst die fremde Meute verjagt habe", dachte er bei sich. Aber wie er die weißen Ungeheuer loswerden sollte, wusste er selbst nicht.

Er war nur noch wenige Schritte von Hirsch und Hunden entfernt, da hörte er brechende Zweige und sah etwas, das sich im Nebel auf ihn zu bewegte. Auch die fremden Hunde hatten den Laut gehört. Sie ließen von ihrer Beute ab und blickten in die Richtung, aus der er gekommen war. Gespannt versuchte Pwyll zu erkennen, was da auf ihn zukam.

Etwas Großes, Graues löste sich im Nebel von einem Baumstamm und näherte sich langsam. Im Dämmerlicht sah er, dass es ein Reiter war, ein Jäger und offenbar von Adel. Pwyll betrachtete ihn abwartend.

Der Fremde war von stattlichem Wuchs, nicht alt und auch nicht jung. Wenige Schritte vor dem Hirsch, der verblutet auf dem froststarren Grase lag, hielt der Reiter an.

Pwyll, der König von Dyfed, war ein rauflustiger Kämpe – aber wie er an dem Fremden empor sah, wurden seine Augen groß und rund. Sein Atem stockte und er schluckte hart. Er hatte nicht darauf geachtet, dass der Reiter grau im grauen Nebel verschwamm. Jetzt, da er vor ihm stand, sah er, dass wirklich alles an ihm grau war: Pferd und Sattelzeug, Jägerhut und Jagdgewand, Haut und Haare – alles war von derselben bläulich-grauen Leichenfarbe.

Ohne den jungen König zu beachten, pfiff der Fremde die grausige Meute zurück und stieg vom Pferd.

Es kostete Pwyll alle Mühe, sich wieder zu fassen. Aber er bedachte, dass es wohl besser sei, sich dem fremden Weidmann höflich zu zeigen. Er trat einen Schritt vor und steckte sein Jagdmesser in die Scheide.

„Gott gebe dir einen guten Tag, Herr", würgte er hervor.

Der Graue sah ihn an. Seine Augen waren wie zwei schwarze Flammen und Pwyll fühlte, wie ihm dieser Blick durch alle Knochen fuhr.

Jetzt begann der Fremde zu sprechen und seine Stimme war kalt und schneidend: „Fürst", sagte er, „wohl weiß ich, wer du bist. Aber ich habe keinen Gruß für dich."

Nun, da der Fremde zu ihm gesprochen hatte, war der Bann von Pwyll gewichen Er warf das Haupt zurück und sagte spöttisch: „Wie du wünschst, Herr. Gewiss ist deine Würde zu hoch für mich." Dabei dachte er: „Was will der Kerl eigentlich? Bin ich nicht König hier in Dyfed? Ist dies nicht mein Land, in das er ungebeten eindringt?"

Aber der andere überhörte den Spott. „Bei den Göttern! Meine Würde hat nicht mit unserem Handel zu tun!"

Pwyll wurde ungeduldig: „Was hast du gegen mich?"

„Deine schlechten Jagdsitten, Herr von Dyfed."

Pwyll erstarrte. Seine Augen wurden schmal und sein Blick eisig: „Du wagst es, mir schlechte Sitten vorzuwerfen?"

Aber der andere fuhr ruhig fort: „Gewiss, Herr König. Zuerst hast du die Grenzmarkierungen missachtet und in meinem Revier gejagt. Und soeben habe ich gesehen, wie du meine Hunde von meiner Beute vertreiben wolltest, um deine eigene Meute draufzuhetzen...Du solltest nicht so scharf auf diesen Hirsch sein, Herr Pwyll. Er kann dich hundert andere kosten."

Jetzt erinnerte sich Pwyll an die großen Steinmale, an denen er in der Hitze der Jagd achtlos vorüber geritten war. Hatte er etwa eine Gemarkung übersehen?

„Die Male der Großen Mutter ehrt man nicht mehr in Dyfed", fing der Graue wieder an. „Aber sie ist mächtiger als ihr glaubt, ihr Männer der neuen Stämme. Leben und Tod liegt immer noch in ihrer Hand. Sieh dich doch um, Herr Pwyll! Erkennst du nicht ihre Hunde?"

Die weißen Doggen hatten sich um ihren Herrn geschart. Schaudernd sah Pwyll den Schimmer der weißen Felle, die rotglühenden Augen, die reißenden Zähne, die bluttriefenden Lefzen...

„Ihre Hunde", hatte der Graue gesagt. Er fühlte, wie sich ihm die Haare im Nacken sträubten. Das Sprechen machte ihm Mühe.

„Dienst du der weißen Göttin, Herr?" Die Frage hätte leichthin klingen sollen, aber seine Stimme zitterte.

Der andere lächelte unheimlich: „Wer dient ihr nicht, Herr König?"

Unwillkürlich wich Pwyll einen Schritt zurück. Sein Gesicht war leichenblass. Seine Knie schwankten. Kalter Schweiß stand auf seiner Stirn. Mit größter Beherrschung zwang er sich seine Worte ab: „Mein Versehen tut mir leid. Ich bin bereit, die Buße zu zahlen, die dir zusteht. Nenn deinen Namen, Herr, damit ich weiß, was dir gebührt."

Wie Donner rollte des Fremden Stimme: „Hast du von König Araun gehört? Araun von Annun steht vor dir."

Araun von Annun! Wie ein Blitzstrahl plötzlich das Dunkel zerreißt, so schlug ihm der Name durch Herz und Hirn, alles Verborgene grell erleuchtend. Als jungen Prinzen hatte ihn sein Vater zu seinem Oheim in die Druidenschule geschickt, damit ihn dieser in die Geheimnisse von Leben und Tod einweihe. Über die Jahre hinweg klang die Stimme des Lehrers wieder an sein Ohr:

„Unsere Welt ist nur eine von vielen. Jede Welt aber hat ihre Anderswelt, ein Jenseits des Abgrundes. Dort bilden sich Steine und Pflanzen, Tiere und Menschen, bis sie schließlich auf unserer Erde geboren werden. Das Land jenseits der Sonne, aus dem die Menschen kommen, und wohin sie alle wieder zurückkehren — das ist Annun. Der König der Anderswelt aber dient der großen Mutter, ihr, die ewig Leben gebiert und Leben zurückfordert. Er läßt ihre Hunde über die Erde los — er ist der Jäger der Großen Jagd. Die Alten kannten seinen wahren Namen. Er heißt — der Tod."

„Muss ich sterben?" dachte Pwyll. Noch nie war ihm das Leben so herrlich erschienen. Jeder Baum, jeder Grashalm war ihm auf einmal ein Wunder an Schönheit. War er nicht jung, stark, gesund, glücklich?

Ein wildes Aufbegehren kam über ihn. Tränen stiegen ihm in die Augen….

Dann hatte er sich wieder in der Gewalt. Eines vor allen Dingen mußte ein Mann können: dem Tod mit Würde ins Auge sehen. Er atmete tief und war selbst erstaunt, wie ruhig er den kalten Blick des Grauen erwidern konnte.

„Dein Kommen ehrt mich. Nimm deinen Bußpreis, König Araun."

Er verneigte sich leicht. Seine Rechte beschrieb eine anmutig-höfliche, einladende Geste. Ein leichtes Lächeln spielte um seine Lippen, spöttisch blickten seine blaugrünen Sternenaugen. Nie war Herr Pwyll so herrlich gewesen wie in diesem Augenblick, da er sich dem großen Jäger ergab.

Der dunkle Blick des Grauen hüllte ihn ein wie ein Mantel. Warme Dunkelheit vor den Augen, fühlte er eine abgrundtiefe Müdigkeit.

„Mutter …" Er konnte das Wort nicht zu Ende sprechen. Er stürzte und fiel leblos über den zerfleischten Hirsch.

Von der hier genannten „Großen Mutter" oder „weißen Göttin", wird noch öfter die Rede sein.

Üblicherweise wird die Schwelle unter ganz anderen Voraussetzungen erlebt: In der Todesnähe durch Krankheit, Unfall oder besonders erschütternde Erlebnisse. Dann „galoppiert" der Mensch nicht unbeschwert an den „Grenzmarkierungen" vorbei, sondern überschreitet die Schwelle im Todeskampf. Ein weiteres Beispiel aus der alten Literatur verdeutlicht dies: „Dreizehn Nächte in Norge" von Britta Verhagen, eine Nacherzählung aus der isländischen „Heimskringla" [5].

Die Saga erzählt von dem jungen Manne Dag, dem Sohne Rauds, der in völlig vertrauter Umgebung an „seine" Schwelle gelangt. Dazu müssen aber einschneidende Ereignisse vorausgehen und seinen Lebensalltag verdrängen. – Dag selbst schafft die dafür notwendigen Voraussetzungen: Er verweilt zu lange „auf dem Berg". Ein starker Schneesturm bricht aus. Im Nu ist das für ihn Bekannte und Vertraute dahin. Dag empfindet zuerst Ärger, dann Furcht. Jetzt kämpft er um sein Leben. In diesem Kampf unterliegt er. Sein Aufbegehren gegen das letztendlich selbst Gesuchte verwandelt sich und er überschreitet in Gelassenheit die Schwelle. Dieser Teil der Saga erinnert an einen Taufakt – was es für Dag dann auch wird: die „Taufe" führt ihn zur Hellsichtigkeit. Seitdem lautet sein neuer Name „Dag Hellauge".

Dreizehn Nächte in Norge[5]

«*Sein Herz schlug in ungleichen Stößen. Er keuchte gilfend, seine Mundhöhle war ausgetrocknet, sein Gesicht brannte von den eisigen Peitschenschlägen des Sturmes und der Schnee verklebte seine Augen; er hatte aber nicht mehr die Kraft, ihn fortzuwischen. Zum ersten Male in seinem Leben sah er sich einer Macht gegenüber, die stärker war als er. Das war eine seltsame Sache. Es war jetzt mehr Staunen als Schrecken, was er empfand. Ist es möglich? fragte er sich. Konnte es sein, dass er, Dag, der Sohn des großen Raudulf, den sie den König von Österdalen nannten, hier, wenige Meilen von seinem väterlichen Hof entfernt, so ruhmlos und lächerlich untergehen mußte? Gab es denn keine Hilfe für ihn? Konnte weder seine Kraft noch seine Klugheit ihn mehr retten? War niemand da, der ihm beizustehen vermochte? „Hilf mir!" keuchte er atemlos in die tobende Finsternis hinein und fragte sich im selben Augenblick voller Hohn, wer das wohl sein sollte, den er da anrief. Gott? Das war ein Unbestimmtes, weit weg und nicht zu fassen. Den weißen Christ? Der war noch viel ferner. Man konnte nichts von diesen beiden erwarten in einer solchen Stunde. Man konnte von nichts und niemandem im Himmel oder auf Erden etwas erwarten, wenn die eigene Stärke nicht ausreichte. Schwächling! sagte Dag zu sich selber.*

Er versuchte nochmals, vorwärts zu kommen. Aber er merkte bald, dass alle Mühe vergeblich war. Die Glieder versagten ihm den Dienst. Er taumelte, glitt aus und sank tief in die weiche Masse des Schnees.

Da lag er nun und spürte, wie die Flocken auf ihn herabfielen und ihn bedeckten. Und er fühlte auch, wie seine Glieder abstarben und das Leben aus ihnen wich. In einem halb traumbefangenen Zustand zwischen Schlaf und Wachen dachte er an den Vater, an die Mutter, an Sigurd und an alle, die auf dem Hof waren, auch an die Pferde und die Kühe und die anderen Tiere. Er sah den Hof vor sich mit seinen schönen Häusern, die in ihrer Buntheit freundlich aus dem weißen Schnee hervor leuchteten. Und er sah das Feuer golden und rot in der Halle flackern und hörte das Lachen der Leute, die auf den Bänken saßen und die Bierhörner wandern ließen. Der Vater aber lehnte auf dem Hochsitz, stützte den Kopf in die Hand, sah ihn mit leuchtenden, träumerischen Augen an und lächelte. Er fragte sich, ob es Wahrheit sein könne, dass er das alles nie mehr mit seinen leiblichen Augen sehen werde, da es doch so greifbar nahe vor seinem inneren Blick stand.

Er horchte in sich hinein, wie er zu tun pflegte, wenn er irgendein Entferntes erfahren wollte. Aber alle Stimmen in ihm schwiegen. Es kam keine Antwort auf seine Frage. Dafür war ihm auf einmal, als sähe er durch das Dunkel ein Gesicht auf sich zu gleiten, das ihm sonderbar fremd und bekannt zugleich vorkam und das ihn aus nur einem Auge streng und fordernd ansah. Das Gesicht wurde immer größer, wuchs und wuchs ... Wer ist das? fragte er sich. Aber alle Antworten schwiegen. Eine seltsame Stille war auf einmal in der Welt. Nichts war mehr als dieses eine Auge, von dem ein Licht ausging, das Dags ganzes Innere wie mit einem ungeheuren eisig-hellen Strahl zu durchdringen und zu erfüllen schien. Es war, als reiße ihn dieses Licht gewaltsam aus seiner Schwäche empor.

Er hob mühsam den Kopf. Wo war das Brausen und Heulen des Sturms geblieben? Er versuchte, die schneeverklebten Augen zu öffnen, und es gelang ihm, die Lider voneinander zu tun. Zuerst bemerkte er nichts als einen blassen Nebel. Dann aber wurde es klar vor seinen Augen, und er sah, dass der Schneesturm aufgehört hatte. Er konnte deutlich die Bäume erkennen und weit hinein sehen in den stillen Wald, der sich in einer bläulichen Schneedämmerung vor ihm auftat bis in eine ferne, dunkle Tiefe hinein. Und aus dieser Tiefe kam ein kleines, gold-rotes Licht langsam auf ihn zu gewandert.

Dag wunderte sich nun nicht mehr. Alle Stimmen in ihm waren plötzlich ganz wach und sagten ihm, dass er gerettet sei und nicht sterben werde. Er spannte seine Kräfte an, atmete tief und vermochte es endlich, sich langsam und mit großer Mühsal aus dem Schnee zu wühlen und mit steifen Gliedern dem näherkommenden Licht entgegen zu schwanken. Er erkannte nun, dass es in einer Laterne brannte, die ein großer Mann, der sich auf einen Stab stütze, in der Hand trug. Der Mann blieb vor Dag stehen, bückte sich dann und strich wortlos sachte und stetig über Dags Füße und dann die Beine herauf, danach machte er es mit den Händen und Armen ebenso. Und Dag fühlte dabei, wie allmählich das Leben prickelnd in seine Glieder zurückkehrte. Dann nahm der Mann seine Laterne auf, winkte Dag, ihm zu folgen, und begann, ihm voran durch den Wald zu stapfen.

Dag sah die große Gestalt, die ein weiter Mantel einhüllte, langsam vor sich her durch die bläuliche Dämmerung gehen. Bald gelangten sie auf eine Lichtung hinaus. Dort stand eine Hütte. Schwarz hob sich ihre gedrängte Masse von der Helle des Schnees ab. Sie lehnte sich an den Hang, der hoch über sie emporstieg. Über dem weißen Haupt des Berges war der Himmel nun klar und wie übersät mit Sternen.

*Es war Dag, als habe er das alles schon einmal gesehen: diesen verschneiten Platz,
die dunkle Hütte am Hang, die stillen Tannen ringsum und den bestirnten Himmel
darüber. In der Benommenheit aber, die immer noch über ihm lag, konnte er sich
nicht besinnen, wo das gewesen sein mochte.*

*Der Mann im Mantel öffnete die Tür der Hütte und trat ein, Dag folgte und
schloss die Tür hinter sich. Er stand und sah dem Fremden zu, der in der Mitte des
Raumes hantierte. Plötzlich schlug dort eine Flamme empor. Und dann hörte man
das wohltuende Geräusch eines lustig prasselnden Feuers. Der Mann wandte sich
um. „Komm", sagte er. Es war das erste Wort, das er zu Dag sprach.*

*Dag setzte sich neben dem Feuer nieder. Die Wärme tat ihm wohl. Er sah zu
dem Mann auf, der im Schatten stand. Der Fremde trug einen großen Hut, dessen
Rand weit über sein Gesicht herabfiel, so dass Dag seine Züge nicht unterscheiden
konnte. „Ich danke dir", sagte Dag. „Wer bist du?" fragte er dann und versuchte,
in das Gesicht des Fremden zu blicken.*

*„Danach solltest du besser nicht fragen", antwortete dieser, indem er sich weg-
wandte. Er beugte sich über das Feuer und legte Holz darauf. „Es ist in diesen
Zeiten nicht gut, viel zu fragen und viel zu wissen. Es wäre klüger, wenn du still
schweigen und deine Arme und Beine reiben wolltest, damit die Kälte aus ihnen
weicht."*

*Dag lauschte auf die Stimme des Mannes. Sie war tief und es klang ein grollender
Unterton in ihr mit. Trotzdem hätte er ihr noch lange lauschen mögen. Da der
Fremde aber nun schwieg, so tat Dag, wie ihm geheißen war, rieb sich die Glieder
und fragte nicht mehr.*

*Der Mann hatte einen Kessel über dem Feuer aufgehängt, aus dem es jetzt zu
dampfen begann. Er rührte mit einem Stück Holz darin herum, dann brachte er
einen Becher zum Vorschein, den er in seinem Gürtel getragen haben mochte, und
füllte ihn mit der dampfenden Flüssigkeit. Ein würziger Duft verbreitete sich im
Raum. Der Mann hob den Becher und wandte sich zu Dag um. „Willst du mit mir
trinken?" fragte er.*

*Dag hob den Kopf. Groß und dunkel ragte die Gestalt im Mantel vor dem Licht
des Feuers auf. Er konnte nur ihre Umrisse erkennen. Doch er begriff aus dem Ton
der Frage, dass hinter den einfachen Worten ein verborgener Sinn stecken musste,
den er nicht ergründen konnte. Er zögerte.*

„Besinne dich gut und antworte nicht vorschnell", fuhr der Fremde fort.

Dag fiel auf einmal ein, dass ja diese Nacht, in der sie saßen, die Heilige Nacht war, in der man die Becher des liebenden Gedenkens zu trinken pflegte. Vielleicht waren sie nun daheim schon in der Halle versammelt und leerten die Julbecher. Sollte nicht auch er den Brauch üben müssen?

„Es ist die Heilige Nacht", sagt er leise, so, als gäbe er damit eine Antwort auf die Frage des Fremden.

Der schien seine Worte auch so zu nehmen. „Trinken wir also das Gedächtnis der Toten", murmelte er. Er setzte den Becher an die Lippen. Darauf reichte er ihn Dag.

Einen Augenblick lang hielt dieser den Becher in der Hand und spürte den fast betäubenden Duft, der aus ihm aufstieg. „Ich trinke das Gedächtnis der Toten", sagte er dann feierlich und meinte dabei die warme Stimme seines Vaters zu vernehmen, den er in jeder Julnacht seines Lebens diese Worte hatte sprechen hören. Er trank und fühlte, wie die weite Feierlichkeit, die seit seiner frühesten Kindheit von diesem Augenblick der Heiligen Nacht untrennbar war, ihn durchströmte. Dann gab er den Becher zurück.

Der Mann füllte ihn aufs Neue und reichte ihn Dag herüber. „Den zweiten Becher"? Es war eine Frage.

Dag hielt das warme Metall in seiner Hand. „Ich trinke das Gedächtnis des Königs", sagte er. Und während er trank, waren seine Gedanken bei jenem Manne, den er noch nicht kannte, der aber kommen würde und ihm schon nicht mehr fern war, wie er stark und deutlich spürte. Seine Augen leuchteten, als er den Becher zurückgab.

Der Fremde füllte ihn zum dritten Male. Dann aber behielt er ihn in der Hand. „Und nun?" fragte er. Seine Stimme klang noch dunkler als zuvor.

„Das Gedächtnis Jesu Christi?" Dags Stimme suchte und zögerte. Irgendetwas in ihm sagte, dass es nicht gut sei, diese Worte jetzt und hier auszusprechen.

Der Mann stand regungslos. Es war, als wachse er langsam immer höher über Dag empor. „Das Gedächtnis der Toten haben wir getrunken", antwortete er schließlich in hartem Ton.

Dag sah ungewiss zu ihm auf.

„Trinke für mich!" sagte der Mann. Es klang wie ein Befehl.

Dag starrte ihn an. „Es ist nicht üblich, das Gedächtnis Anwesender zu trinken", flüsterte er mit versagendem Atem.

Weißt du, ob ich mehr oder weniger anwesend bin als die Toten oder der König?". Langsam schob der Mann den Hut von seinem Gesicht empor, so dass Dag seine Züge unterscheiden konnte. Er sah nun, dass er alt war und sein Gesicht voller Furchen. Sein Bart starrte von Eis, und er hatte nur ein Auge, das Dag mit einer Eindringlichkeit anblickte, die ihn erschauern ließ. Ihm war, als kenne er dieses Gesicht, und er fragte sich, wo er es gesehen haben mochte. Und dann – auf einmal – wusste er, dass es dies Gesicht gewesen war, das er geschaut hatte, als er todgeweiht draußen im Schnee lag. Und doch war es ihm, als habe er es schon vordem gesehen, als kenne er es seit langer Zeit; wie aus frühesten Kinderträumen, so schien es aus undeutlichen und fernen Erinnerungen herauf zu dämmern.

„Wenn du meine Liebe trinken willst, so will ich dir auch einen neuen Namen geben und dir einen guten Spruch dazu sagen", warb die dunkle Stimme. „Willst du trinken?" „Ja", antwortete Dag. Alle Unsicherheit in ihm war nun verschwunden. Er streckte die Hand aus.

Der Alte aber hob erst den Becher an die eigenen Lippen. Dann hauchte er dreimal über den Trank hin. „Werde, was du bist, Dag Hellauge!" sagte er langsam und stark. Seine Stimme hallte nach, als ob ein Echo im Raum sei. Sein Auge hielt Dags Blick fest, während er ihm den Becher in die Hand gab. Als Dag das blinkende Gefäß hob, sah er, dass Zeichen in das Metall geritzt waren, die er nicht deuten konnte. Er fühlte sein Herz wie einen Hammer schlagen. Aber zugleich merkte er auch, dass er ganz frei von Furcht war. Ohne es zu wissen, lächelte er. Er erhob sich, das helle Lächeln seines Geschlechtes auf seinem jungen Gesicht. „Ich weihe mich dir!" sagte er mit klingender Stimme. Er wusste nicht, wie diese Worte in seinen Mund kamen. Er wusste nur, dass ein unsagbares Glück sich wie ein Licht in ihm ausbreitete. Ihm war, als versinke er mit seinem ganzen Sein in die durchsichtige Tiefe dieses leuchtenden Auges.

Er trank. Der Trunk durchrann ihn wie Feuer. Auf einmal war es, als sprängen hundert Türen in ihm auf und durch sie alle dränge eine große Helle ein. Diese Helle floss zu einem hohen Bogen zusammen, der sich wie ein unendlicher, weißer Himmel *über ihn empor spannte. Und unter diesem Himmel schritt er, aus aller Gegenwart geworfen, über braunes Heideland auf einen Hügel zu, der inmitten einer weiten Ebene emporragte. Auf dem Gipfel des Hügels stand ein altersgrauer Stein, und als Dag zu diesem Stein trat und ihn berührte, glitt er mit ihm in den Hügel hinein, sank, sank immer tiefer, sank und sank und versank mitten in die unermessliche Tiefe der Welt hinab. Er wusste nichts mehr davon, dass der Becher seinen Händen entfiel, noch dass er selbst taumelnd in das Heu niederglitt, das den Boden der Hütte bedeckte. Und er merkte auch nicht, wie der alte Mann, seinen Mantel fester um sich ziehend, wie zur Wache neben ihm sitzen blieb, während die Flammen langsam herunterbrannten und draußen die Heilige Nacht in großer Stille und mit einem hohen Himmel voller Sterne rings um die Hütte stand.*

Zunächst einmal sind Schwellen besondere Orte, die weder einem Hüben noch Drüben ausschließlich angehören. Oder ist es die Besonderheit der geistigen Schwelle zwischen Alltags- und Anderswelt, die etwas von ihrem Zauber und ihrer Weihe auch allen irdischen Schwellen mitteilt?

Im übertragenen Sinne sind Schwellen Bereiche, die weder einem Hier noch Dort ausschließlich angehören, z. B.

Kreuzwege: Ihr Kreuzungsbereich gehört keinem der beiden Einzelwege ausschließlich an. Daher galten Kreuzungen den Menschen früher als unheimlich und „gefährlich". Wesen der Anderswelt konnten dort erscheinen.

Wegkrümmungen gehören ebenfalls zu den Schwellen, weil sie weder Wegstücke der alten, noch solche der neuen Richtung ausschließlich darstellen. Doch galten sie im obigen Sinne als minder gefährlich.

Waldlichtungen und Schneisen sind weder Wald, Wiese, noch Feld allein. Nicht ohne Grund tanzen dort die Elfen der Märchen und Sagen ihre Reigen.

Hecken und Wegränder sind nicht Wiese oder Feld und nicht Weg. An ihnen konnte man, alten Volkssagen nach, allen möglichen

Arten von Zwergen und Wichten begegnen. Hier bietet vor allem die englische Literatur reichlich Stoff.

Flussgabelungen und Inseln sind nicht Wasser und nicht Festland. Daher wurden viele Heiligtümer auf Inseln errichtet.

Ufer und Strände: Hier gilt ein Ähnliches wie für die Flussgabelungen und Inseln, nur umgekehrt; die Ufer sind nicht mehr ganz Festland, aber auch nicht ausschließlich Wasser. Hier begegnete man Nixen und Wassermännern.

In gleicher Weise könnte man etliche weitere Schwellen-Orte benennen, z.B. **Bergspitzen**, die bevorzugt Bauplätze für Heiligtümer und Burgen waren, sodann **Schluchten, Baumkronen** u.a.[10)]

Aber nicht nur die Natur war voller solch fantastischer Orte, sondern auch das scheinbar so sichere Innere des Wohnorts. Solches wurde im Brauchtum berücksichtigt, wo man beispielsweise davon ausging, dass der Mensch, der gerade über eine Türschwelle geht, nicht mehr ausschließlich im Alltag steht und damit auch nicht mehr derjenige ist, der er kurz zuvor war und Momente später auch wieder sein wird.

Jede **Türschwelle** war ein Ort, der **auch** Alltagswelt und Anderswelt miteinander verband. Der Schritt vom Zimmer in den Flur wurde zum Bilde: Auch die Tür zur Anderswelt stand gelegentlich offen – dann führte der Schritt über die Schwelle **nicht** in den Flur…Viele Geschichten aus Irland haben dies zum Motiv.

Flure sind ihrerseits weder der eine noch der andere Raum, sondern liegen dazwischen; Grund genug, ihrer „Alltags-Verlässlichkeit" zu misstrauen.

Dachböden und Speicher sind weder Wohnräume, noch Dach, und damit beliebte Erscheinungsorte für alle möglichen Hausgeister, wie „Speicherpuck", „Bibabutzemann" und andere.

Keller werden, einst wie heute, von Kindern gefürchtet – vorausgesetzt es sind „richtige" Keller; weder Wohnraum noch Erdreich, bilden sie eine eigene Zwischenwelt.

Zimmerecken sind nicht Zimmer, nicht Wand, daher höchst „anfällig" als Erscheinungsorte.

Fragt man sich, was an alledem „dran" ist, so bleibt eine Tatsache bestehen: Kinder, auch sensible Menschen anderer Altersstufen, erleben noch heute in und an gewissen Hausbereichen, dass es sie dort „gruselt", vor allem, wenn sie den Ort zu bestimmten Zeiten (Schwellen-Zeiten) aufsuchen. Und sie fürchten sich vor einem Bereich ihres sonst so vertrauten Zimmers am allermeisten: vor den **Ecken**!

Schwellen gibt es im Raum und in der Zeit. Wie die räumlichen Schwellen Orte mit gewissermaßen „dünner Trennwand" zwischen Alltags- und Anderswelt sind, so auch bestimmte Zeiten:

Im Tageslauf haben wir da vor allem die **Dämmerungszeiten**, also **Morgen** und **Abend,** außerdem **Mittag** und **Mitternacht**.

Im Jahreslauf sind es die **Tagundnacht-Gleichen** von **Frühling** und **Herbst**, die **Sommer- und die Winter-Sonnwende**, die **Zeit zwischen den Jahren** (24. Dezember bis 6. Januar) und einige weitere besondere Tage – **Walpurgisnacht, Allerheiligen** u.a., zumeist im **Frühling und Herbst**. Untersucht man die Märchen und Sagen verschiedener Völker und Kulturen darauf hin, wann Menschen mit Bewohnern der Anderswelt in Verbindung treten, so kommt man auf die genannten Zeiten.

Die Festvorbereitung

So, wie es einen direkten Zusammenhang zwischen lebendiger Weihnacht und lebendigem Erleben gibt, so auch zwischen letzterem und aktiver Festvorbereitung. Vorbereitung ist Tätigkeit, Arbeit und manchmal auch Mühe. „Wer nicht sät, der wird nicht schneiden" sagt ein Sprichwort, und das gilt mindestens ebenso für die Festvorbereitungen.

Dazu gehört zunächst einmal, **das Haus zu schmücken**. Als Schmuck kommen schöne Steine, Zweige und „Weihnachtsketten" in Frage: Ketten aus (vergoldeten) Zapfen, Nüssen, Hagebutten, Zweigsträußen, Trockenblumen und dergleichen. Sodann gehören dazu: das **Basteln von Weihnachtsbaumschmuck –** also bemalten oder vergoldeten Figuren und Symbolen – von **Gestecken, Girlanden und Kränzen**; ebenso das übliche **Backen** und **Brauen** und natürlich **die Komposition** oder **Choreographie eines Festprogramms!** Die Elemente des letzteren – Lieder, Musikstücke, Gedichte, Umzüge, Tänze und Geschichten – müssen ausgesucht, die Lieder und Gedichte auswendig gelernt, Musikstücke geübt werden. Zur **inneren** Vorbereitung zählt auch **das Sinnen, Nachdenken und Träumen** über die Weihnacht: Was gehört dazu, was nicht? Das wache **Beobachten:** Was verrät mir **die Natur** über Weihnachten? Worauf lenke ich besondere Aufmerksamkeit?

Die **innere** Vorbereitung wird sich äußerlich sichtbar niederschlagen in der Form der Feier und der Gestaltung des Festes. Die **äußere** Vorbereitung dagegen verwandelt mein Inneres und damit auch mein Erleben; dieses wird sensibilisiert.

Auf solchem Wege können Hindernisse auftreten; ein solches liegt sogar in uns selber: Entstanden ist es ursprünglich wohl durch die uns zuteil gewordene Erziehung, vor allem die religiöse: Ob anerzogen oder aus der Umgebung aufgesogen – unsere Grundeinstellung ist zumeist geprägt von einer tendenziell un-sinnlichen, sinnenfeindlich orientierten Religion. Durch deren Tendenz, die Erde als „Jammertal" oder gar „Wirkensbereich des Teufels" aufzufassen, geht der Mensch mit der Erde, ihren Naturreichen, Geheimnissen und der Sinneswirklichkeit anders um, als wenn er Mutter Natur geisterfüllt und heilig empfände. Die christliche Weltsicht hat uns hierin kein unproblematisches Erbe hinterlassen. Dass unsere europäischen Vorfahren Himmel und Erde als von Göttern bewohnt und durchwirkt betrachteten, wissen wir heute; wie kommen aber **wir** an diese „Wurzeln" heran, ohne unsere seitherige Weiterentwicklung oder die heutige Zeit zu verleugnen, indem wir unzeitgemäße Rückgriffe machen?

Goethe, der ebenso sehr Naturwissenschaftler wie Künstler war, erklärte dazu lapidar: **„Das Gewahrwerden der Idee in der Wirklichkeit ist die wahre Kommunion des Menschen."** Das würde bedeuten, dass für uns ein Weg der Wiederverbindung mit den Himmeln oder der Anderswelt darin bestände, dass wir **sinnlich** das Übersinnliche, dass wir das **Sein im Schein** erkennen lernen sollten. Um aber auch nur das Sinnliche sinnlich wahrzunehmen, bedarf es starker Unvoreingenommenheit. Haben wir die? – Auch der Materialismus, der heute allgemein noch herrscht, ist eine quasi-religiöse Weltanschauung und mischt allzu schnell seine Überzeugungen als trübende Vorurteile in jede Wahrnehmung mit hinein. Durch die materialistische Brille besehen, gibt es in der Welt bestimmte Bereiche nur deswegen nicht, „weil es sie gar nicht geben kann". Darunter leider auch jene, derer wir für die

Weihnacht so dringend bedürften! Und so verschwinden die Voraussetzungen und Grundlagen der Feste allmählich und mit ihnen verdorrt zwangsläufig auch die Weihnacht.

Wir bräuchten nicht einmal einem Glauben anzuhängen, wir müssten die Eindrücke der Welt nur unvoreingenommen **zulassen;** schon dies führte zur Wirklichkeit hin. Lassen wir die Erscheinungen also wieder „sprechen", denn sie waren nie stumm. Das Erlauschen und Verstehen dieser Sprache aber bedarf der Pflege.

Die genannten Zeit-Schwellen waren besondere Zeiten. Lauschen wir unvoreingenommen in sie hinein! Ändert sich etwas, wenn sie anbrechen? Blicken wir unbefangen auf die Schwellen-Orte hin, die als besondere Bereiche galten! Lassen wir zu, dass es mehr gibt, als es dem Alltagsverständnis gemäß geben dürfte! Doch bleiben wir dabei unbefangen! Nichts wäre peinlicher, als jetzt einen weiterer Glauben zu kreieren – und das auf der Basis von Illusionen!

Mit Beginn der Rauhnächte brach für den Menschen der Vergangenheit die Anderswelt mit Macht herein und setzte alltägliche Gegebenheiten teilweise oder ganz außer Kraft: Holdes und Unholdes, Wesenhaftes und Spukhaftes drangen in den Alltag ein und ergriffen dort das Steuer. Im Brauchtum wurde solches gespiegelt: Lichte und finstere Wesen, Mahn- und Schreckgestalten tauchten auf, drohten oder straften, je nachdem, wem sie begegneten. Die Tiere sprachen mit Menschenworten und konnten von Einzelnen immer auch verstanden werden. Es spukte und geisterte allenthalben; Vergangenheit, Gegenwart und Zukunft gerieten durcheinander; Erinnerungen und Ahnungen wurden zu Erlebnissen und drückten dem Gewohnten nun ihr Siegel auf. Die ganze vertraute Welt geriet ein wenig aus den Fugen. Das war Teil des Jul-Zaubers.

Um solches aber wirklich hautnah erleben zu können, bedurfte es früher einer Bedingung, die heute gern vergessen wird, und die weder leicht noch angenehm war:

Das alte Erleben der Winterszeit

„Blättern wir in den Tagebüchern unserer Großeltern", schrieb 1937 der Forscher Adolf Spamer, „so tritt uns eine Welt entgegen, der die Abläufe des kosmischen Jahres in weit höherem Maße Schicksal waren, als wir uns heute vergegenwärtigen können." Diese Tagebücher führen uns um 150 bis 200 Jahre zurück. Zwar hatte schon 1729 Albrecht v. Haller als einer der Ersten (in seiner Dichtung „Die Alpen") seinen Zeitgenossen die Herrlichkeit der Berg- und Gletscherwelt und die Schönheit von Schnee und Eis zu erschließen versucht; doch sobald die winterliche Schneedecke sich über die Erde breitete, drohten dem Menschen ganz real Hunger, Not und Tod – da half auch kein erhebender oder entzückter Blick auf die allgegenwärtige Naturschönheit! Ein unbefangenes Natur-Genießen wurde erst später möglich mit dem Freiwerden des Menschen von Boden, Vieh und Wetter.

In den gebirgigen Höhenlagen war die Abhängigkeit von der Natur stärker, als in den Tälern oder im Tiefland; am intensivsten aber wurde sie im hohen Norden erlebt: Jeder Regen, jede Dürre, jeder Sturm entschieden über künftiges Wohl oder Wehe des Menschen und wurden auch als persönliches Schicksal empfunden; als Gunst, Prüfung, Gnade oder Strafe. So erlebte der Mensch hinter allem Geschehen mehr oder minder stark, wie die Götterwelt mit leuchtenden Fäden das menschliche Schicksalsgeflecht wob.

Wenn gegen Winter die Sonne gar vom Himmel verschwand (wie etwa um Tromsö in Norwegen), so bedeutete dies den Verlust aller Sicherheit der Lebensgrundlage. Vertraut waren auch vielerorts die Hungerzeiten am Frühlingsanfang. Auch gemahnte der Verlust der Sonne an das Welten-Ende, den Ragnarök der Sagen, denn mit der „Götterdämmerung" verschlingt ja der Fenriswolf die Sonne und der „Fimbulwinter" bricht dadurch an. Alles Erdenkliche wurde eingesetzt, die Götter und Dämonen günstig zu stimmen: Opfer, Gebet, magische Riten und Bräuche. Der ohnehin dünne Vorhang zwischen Alltags- und Anderswelt riss dabei vollends auf, und die Welt der Toten und Naturgeister quoll zukunftsschwer in das Hier und Jetzt des Alltags herein und schuf eine zweite Wirklichkeitsebene.

Der Mensch wurde gewahr, wie jene Götter und Naturgeister, die für die Fruchtbarkeit der Erde und Naturreiche verantwortlich sind, ihr Wirken begannen. Und er erlebte, wie mit den „Toten" auch jene Seelen wiederkehrten, die sich im kommenden Jahr zur Geburt anschickten. Tief-Winterkräfte, als lebendiges Wirken erlebt, gaben der Saat auf den Feldern Fruchtbarkeit, Gesundheit und Nährwert und dem Boden seine Vitalität; sie segneten die Erde und Naturreiche und leiteten die Kinderseelen über die im Eis erstarrten Äcker.

Was sich im Norden dank seiner besonderen Erd- und Himmelsverhältnisse vereinzelt bis in unsere Zeit herüber retten konnte – Bräuche, Anschauungen, Sprüche, Lieder und Sagen – das ging in Europas Mitte früher verloren. Bruchstücke alter Traditionen und Anschauungen finden sich aber vereinzelt noch bis heute.

> Es wächst viel Brot in der Winternacht,
> weil unter dem Schnee frisch grünet die Saat;
> erst, wenn im Lenze die Sonne lacht,
> spürst du, was Gutes der Winter tat.
>
> Und deucht die Welt dir öd und leer
> und sind die Tage dir rauh und schwer,
> sei still und habe des Wandels Acht:
> Es wächst viel Brot in der Winternacht.[3]
>
> (*Friedrich Wilhelm Weber*)

Nach dem alten gregorianischen Kalender war noch im 15. Jahrhundert „Lussibrud" („Lichterbraut"), der Luzientag am 13. Dezember, der kürzeste Tag des Jahres. Während die Buben am Nikolaustag (6. Dezember) Bescherung hatten, erhielten die Mädchen am Luzientag morgens oder am Vorabend ihre Gaben.

Das Doppelantlitz der Weihnacht

Durch den Winter und seine Gefahren wurde sich der Mensch seiner Zugehörigkeit zu den Naturreichen bewusst. Aber im Gebet, in überlieferten Bräuchen und beim Ausüben von Magie erlebte er sich jener Welt verwandt, die im Winter wie von außen auf ihn eindrang. Die Zweiheit von Leben und Tod, Erntesegen und Hungersnot, von Heimlich und Unheimlich, Hold und Unhold war durch die ganze frühe Winterzeit spürbar. Das magische Geschehen drohte, lockte und ängstigte zugleich.

Blicken wir auf das alte Julfest und seine Vorbereitungszeit, so sehen wir, wie auch dieses sich in **zwei** Bereiche, in **zweimal dreizehn Nächte**, gliedert. Nicht in **Tagen**, sondern in **Nächten** wird nun die Zeit gerechnet – auch das ist bedeutungsvoll! Mit **Santa Lucia**, der Nacht vom 12. zum 13. Dezember, fangen die „**Sperr- oder Dunkelnächte**" an, deren erste zehn noch im Herbst liegen. Mit ihnen beginnt bereits das **Jul-Geheimnis**. Auf den 22. Dezember fällt die **Winter-Sonnwende**. In der Nacht vom 24. auf den 25. Dezember, der „**Nacht der Mütter**", enden die Dunkelnächte und nun beginnen die „**Rauh- oder Weihenächte**", deren letzte die vom 5. zum 6. Januar, die „**Perchten-Nacht**" ist.[6]

Mit der **Nacht der Mutter** (oder **Mütter**) beginnt der eigentliche Jul-Zauber: Jetzt stehen die Tore zur Anderswelt weit offen. Merkwürdige Wesen erscheinen und gehen um, sowohl einzeln, als auch in Rudeln, dann wieder als Dreiheiten, wie wir es von Perchten und Hollen kennen. Deren Gestalten zieren nun auch alte Gebildbrote, die „Madeln" oder „Tocken". Man hängte die Weckpuppen, die „Poppen", mit ihrem Dreibild in den Weihnachtsbaum, als dieser schon längst zum „Christbaum" geworden war. Gleichfalls als Weckpuppe grüßte der „Schimmelreiter" oder der „Sunnwendmann" von christlichen Lichterbäumen, der die Weihnachtsgaben in die Häuser bringt. – Aus ihm wurde später der Nikolaus.

Zugleich war der Schimmelreiter oder Sunnwendmann auch der Anführer des „Wilden Heeres", das in den Rauhnächten durch die Lüfte tobte. Da wurde er „Woljäger", „Wod" oder „Wodan" genannt. Oft ritt ihm zur Seite seine Gemahlin und Geliebte, Frau Holle, die „Holde". Deren beider Hunde- und Begleitermeute tobte über die Dächer, Wälder, Felder und Wiesen dahin, knickte Bäume, riss an den Dachziegeln, schnob und kläffte, brüllte und hetzte, pfiff und schrie, dass den Menschen in ihren Häusern angst und bange wurde. Immer wieder suchte „Wod" auch einzelne Männer auf und prüfte deren Mut und Stärke:[1]

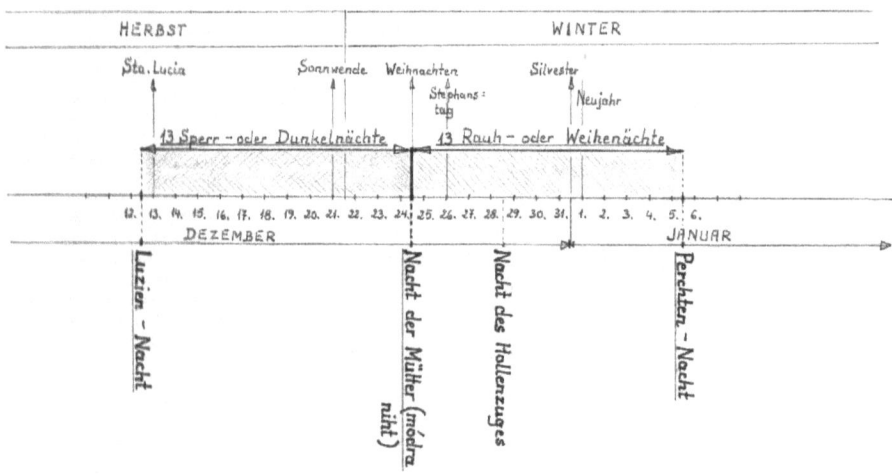

64

Der Wilde Jäger

«...Wir hörten, dass nach dem Glauben unserer Vorfahren der Schimmelreiter in der Weihnachtszeit oft auch als „Wilder Jäger" mit der „Wilden Jagd" zu den Menschen kam. Und das Volk hat sich bis zum heutigen Tage von diesem wilden Reiter manche Sage erzählt. Mit den Stürmen der Mittwinterzeit braust er über das Land, und wer ihm begegnet und ihm mutig standhält, der wird von ihm reichlich belohnt. Und das weiß jeder im Norden und Süden, im Osten und Westen unseres Landes, dass die Fluren im Sommer mit Fruchtbarkeit gesegnet sind, über die der Schimmelreiter als wilder Jäger daher gezogen ist im Sturm und Brausen der Winternacht.»

«So kam einst mitten im Winter ein Bauer in der Nacht von der Stadt heim und sein Weg führte ihn durch einen dichten Wald. Da hörte er die wilde Jagd, das Getümmel der Hunde und den Zuruf des Jägers in hoher Luft. „Mitten in den Weg! Mitten in den Weg!" rief eine Stimme, allein er achtete nicht darauf. Plötzlich stürzte aus den Wolken nahe vor ihn hin ein langer Mann auf einem Schimmel. „Hast du Kräfte?" fragte er, „wir wollen uns beide versuchen. Hier die Kette, fass sie an! Wer kann am stärksten ziehen?" Der Bauer fasste beherzt die schwere Kette und hoch auf schwang sich der wilde Jäger. Der Bauer aber hatte die Kette flink um eine nahe Eiche geschwungen und vergeblich zerrte der Jäger. „Hast gewiss das Ende um die Eiche geschlungen?" fragte der herabsteigende Wod. „Nein", versetzte der Bauer, „sieh, da halte ich sie in meinen Händen". „Nun, so bist du mein in den Wolken", rief der Jäger und schwang sich empor. Wieder schürzte schnell der Bauer die Kette um die Eiche und es gelang dem Wod nicht. „Hast doch die Kette um die Eiche geschlagen!" sprach der niederstürzende Wod. „Nein", erwiderte der Bauer, der sie eilig los gewickelt hatte, „sieh so halte ich sie in meinen Händen!" „Und wärest du schwerer als Blei, so musst du doch hinauf zu mir in die Wolken!" Blitzschnell ritt er aufwärts – aber schneller war der Bauer und half sich auf die alte Weise. Die Hunde bellten, die Wagen rollten, die Rosse wieherten dort oben – die Eiche krachte an den Wurzeln und schien sich zu drehen. Dem Bauer bangte, aber die Eiche stand fest. „Hast brav gezogen", sprach der Jäger. „Mein wurden schon viele Männer, du

bist der erste, der mir widerstand. Ich werde dir´s lohnen. "Laut ging die Jagd an:
"Hallo, holla! Wol, wol!"

*Der Bauer ging eilends seines Wegs. Da stürzte aus ungesehenen Höhen ein
Hirsch ächzend vor ihn hin, und auch der Wod war da, sprang vom weißen Rosse
und zerlegte das Wild. "Blut sollst du haben, und ein Hinterteil dazu!" "Herr",
sagte der Bauer, "ich habe nicht Eimer noch Topf." "Zieh den Stiefel aus", rief der
Wod. Er tat´s. "Nun wandere mit Blut und Fleisch heim zu Weib und Kind!" —
Leicht schien anfangs die Last, aber allmählich wurde sie schwerer und schwerer,
kaum vermochte er sie zu tragen. Mit krummem Rücken, vom Schweiße triefend,
erreichte er endlich seine Hütte. Und siehe da! Der Stiefel war voll Gold und das
Hinterstück war ein lederner Beutel voll Silber! Der wilde Jäger hatte seine tapfere
Entschlossenheit belohnt*

Deutsche Volkssage

Lied vom Schimmelreiter[1]

Der Sunnwendmann, wo kommt er her?
Über Wiesen und Felder,
Über Berge und Wäler,
Vom weiten, weiten Meer,
Da kommt er her.

Der Sunnwendmann, wie zieht er ein?
Auf leuchtendem Schimmel
Wie die Sonn' am Himmel
Voll spiegelndem Schein,
So zieht er ein.

Der Sunnwendmann, was bringt er mit?
Gar köstliche Gaben
Für Mädchen und Knaben,
Die guter Sitt';
Das bringt er mit.

Der Sunnwendmann, wie teilt er's aus?
Er legt sie verstohlen,
Wo leicht sie zu holen,
Ans Fenster, vors Haus;
So teilt er's. aus

Nikolaus

5. / 6. Dezember

Wie die einzelnen Tage der Woche eine Tag– und eine Nachtseite haben, so auch die Wesen der Weihnacht: Hell und Dunkel, Schön und Hässlich, Hold und Unhold, Segnend und Drohend – und manchmal beides zugleich. Das fängt schon bei St. Nikolaus an, dessen Festtag noch vor Beginn der Dunkelnächte liegt. Obgleich er aus dem christlichen Glaubenskreis stammt und damit viel jünger als die Weihnacht ist, tritt er, bis auf regionale Ausnahmen, nicht als Einzelwesen auf, sondern zieht zusammen mit Knecht **Ruprecht** oder Hruodpercht" umher, in dessen Name die vermännlichte **Perchta** steckt. Oder mit „Hans Muff", „Hans Trapp" oder dem „Krampus", wobei der Nikolaus stets weise und gütig, Knecht Ruprecht dagegen ruppig und unberechenbar ist. Ersterer beschenkt die Kinder, letzterer schreckt und ängstigt sie.

Als Schimmelreiter hat auch der „Sunnwendmann" zwei Gesichter: Zum einen ist er weise und gütig und lindert oft menschliche Nöte; zum andern ist er wild und unberechenbar und droht oder zerstört mit der Kraft einer Naturgewalt. Das gleiche gilt für sein Gefolge, die Wilde Jagd oder das Wilde Heer.

Luzia

12. / 13. Dezember

Auch Luzia tritt uns mit diesem Doppelantlitz entgegen: als Santa Lucia, die reine, strahlende Lichterbraut, und als die finstere, dämonische Lutzelfrau. Als Lussibrud, Budelfrau oder Pudelmutter tobte sie noch zu Anfang des 20. Jahrhunderts durchs Dorf, jagte die Faulen und drohte, ihnen den Bauch aufzuschlitzen, die Gedärme herauszureißen und stattdessen Stroh, Kieselsteine oder den faulen Mägden allen liegen gelassenen Kehricht hinein zu stopfen. Den Kindern und Wöchnerinnen war sie ein Schrecken. Die „böse Lutz" begegnet uns in anderen Landschaften als „schiache Perchta" und als „böse Holle" wieder.

Zwei Legenden aus Schweden kennzeichnen treffend ihr Doppelwesen:

Lucia aus Syrakus

Zur Zeit der Urchristen lebte in Syrakus eine Jungfrau, die wurde weit und breit ihrer großen Schönheit wegen gerühmt. Vor allem ihre Augen waren so herrlich anzuschauen, dass niemand in sie blicken konnte, ohne ein besserer Mensch zu werden.

Diese Jungfrau hieß Lucia. Ihre Eltern waren dem jungen Christenglauben zugetan und Lucia wurde in ihm erzogen. In Gebet und Versenkung fand sie ihre größte Freude. Sie hatte darum beschlossen, sich ganz dem Glauben zu weihen und wollte unvermählt bleiben.

Aber der Sohn des römischen Statthalters entbrannte in Liebe zu ihr und Lucias reine Freundschaft war ihm nicht genug. So bat er sie, seine Gemahlin zu werden. Lucia wies sein Werben freundlich zurück, worauf der Jüngling nur desto stürmischer in sie drang. Schließlich, da kein Bitten half, begann er zu drohen: Wenn Lucia nicht die Seine würde, so wolle er sie und die Ihren bei seinem mächtigen Vater als Christen anzeigen.

Lucia wusste sich nicht mehr zu helfen. In ihrer Not stach sie sich die schönen Augen aus, die des Jünglings Herz verführt hatten und ließ sie ihm auf silbernem Teller bringen. Er ward darüber bestürzt und tief erschüttert. Sogleich ließ er von seinem Ansinnen ab; ja er wurde selbst Christ und diente fortan in Demut der frommen Gemeinde. Beim nächsten heiligen Abendmahl jedoch, das Lucia entgegennahm, wuchsen ihr neue Augen, die waren noch viel schöner als die verlorenen. So genas sie und wurde wieder sehend.

Hans Mändel schreibt in seinem Buch: „**Vom Geist des Nordens**"[7], wie er erstmals den schwedischen **Lucia-Brauch** erlebte:

«...Der 13. Dezember ist der Tag, an dem ich zum ersten Mal den Boden des Landes Schweden betrat. Es war früh am Morgen, als ich in Stockholm ankam. Um diese Jahreszeit tagt es hier erst spät am Vormittag; trotzdem war die Stadt hell und eine Überfülle von Licht begrüßte mich! Die Weihnachtszeit war nahe und die verschwenderisch reichen Straßendekorationen hatten die ganze Nacht geleuchtet. Sie strahlten auch jetzt in den noch menschenleeren Plätzen und Gassen, Lichtgirlanden waren in dichter Folge über den Fahrdamm gespannt, so dass sie ein Dach bildeten, ... jede Straße hatte ihre eigene Art der Dekoration. Für mich, der direkt aus einem „verdunkelten" Lande kam, ein überwältigender Eindruck.

In einem Haus, das zugleich Hotel und Pension war, hatte man mir ein Zimmer gemietet, und dahin begab ich mich. Bald saß ich beim Schein einer kleinen Tischlampe in dem halbdunklen Raum in trüben Gedanken vor ungewisser Zukunft, als sich plötzlich ein wahres Wunder ereignete.

Die Tür öffnet sich und herein tritt ein Mädchen, weiß gekleidet wie eine Braut mit einem Kranz mit sieben Kerzen im blonden Haar. Ein zweites rotwangiges, blondhaariges, weißgekleidetes Fräulein begleitet sie; beide öffnen grußlos die Lippen und beginnen ... zu singen. Die ersten Laute in der fremden Sprache, die das Ohr vernimmt, sind das rührende Lucia-Lied. Denn Lucia, die Lichterbraut, steht vor mir. Wahrlich, ein einzigartiger Empfang ward dem Fremdling zuteil, wie in einem Märchen.

Alljährlich am 13. Dezember wird in Schweden das Lucia-Fest gefeiert. Es ist ein Volksfest, jeder nimmt daran teil. In jedes Kontor, in jedes Schulzimmer, in jeden Fabrikraum kommt ein als Lichterbraut gekleidetes Mädchen am Morgen jenes Tages und singt sein Lied, schenkt Kaffee ein und bietet „Lusse-Katten" (Lucia-Katzen) an, das Lucia-Gebäck. Das Lichterfest am frühen Morgen in der Winter-Dunkelheit hat eine weihevolle Stimmung, es heißt auch „lilla Jul": „kleines Weihnachten".

Erst seit unserer Generation, ja eigentlich erst seit etwa 20 Jahren, wird das Fest in dieser Weise allgemein so gefeiert und erfreut sich einer immer noch zunehmenden Popularität. An und für sich ist Lucia freilich uralt; aber ganz anders wurde in früherer Zeit das Fest in Schweden begangen, genau gegenteilige Stimmung prägte es. Ein Tier, meist eine Kuh, wurde mit einem Lichterkranz zwischen den Hörnern auf den dunklen Äckern umhergeführt, in anderen Gegenden Schwedens zog eine wilde Schar „Lussegubbar" von Gehöft zu Gehöft (gubbe = älterer, etwas heruntergekommener Mann). Sie waren in nach außen gewendete Pelze gekleidet, hatten spitze, rote Hüte, geschwärzte Gesichter oder Tier-Masken, und unter Schreien und derben Zudringlichkeiten verlangten sie ihren „Lussesup" = Schnaps. In der „schrecklichen Lucia-Nacht", der längsten des Jahres (nach dem alten gregorianischen Kalender) war´ s nicht gut, im Freien zu sein: Die wilde Jagd war los! Man verwahrte Türen und Tore, kein Mädchen durfte sich hinauswagen. Die Ernte war in Gefahr, das Mühlrad konnte stehen bleiben, der Wein gor nicht mehr im Keller – alle Naturgeister waren aus ihrer Bahn. In einer Provinz, Dalsland, verstopfte man sorgfältig Ritzen und Spalten: Lucia kutschiert mit einer Fuhre Flöhe und Läuse umher – wenn sie umschmeißt, werden wir alle verlaust! –

Trotz des historischen Gewandes hat die Lucia-Legende tiefere Bedeutung – wie hätte sie sonst den langen Weg nach Norden finden können? Die „neuen Augen" der Heiligen sind bestimmt keine physischen Organe; es ist die Schaukraft für das Überirdische, das schöner ist als alles, was auf Erden gesehen werden kann. – Lucia war in Italien seit urchristlicher Zeit eine beliebte Gestalt: Auf vielen Renaissance-Bildern tritt sie uns entgegen, meist an der Seite Marias, und viele der berühmtesten Meister haben ihre Kunst auf diese Gestalt verwendet, Fra Angelico, della Robbia, Ghirlandajo, Tizian und andere. Sie ist Schutzpatronin großer Städte wie Venedig und Padua, und viele Kirchen Italiens sind ihr geweiht. Dante führt sie als tragende Gestalt in die Divina Commedia ein, in allen drei Teilen des klassischen Epos erscheint sie dort an entscheidenden Stellen....

Es ist sonderbar, dass die italienische Heilige gerade im fernen Schweden eine neue Heimat fand. Noch sonderbarer, dass sie hier von Lilith-Lucia zu Santa Lucia von tierischer Sinnlichkeit zu keuscher Lichterbraut eine solche Verwandlung durchlaufen hat. Am sonderbarsten aber, dass diese Veränderung gerade in unserer Zeit geschah. Kein Wunder, dass die Schweden und ihre skandinavischen Nachbarn Lucia so lieben! Das weiße Unschuldsgewand, die siebenfache Lichterkrone im grünen Kranz, die das Haupt erleuchtet, den „Lebenstrank" spendend, es ist ein seltsam ergreifendes Symbol, als ob das Bild des neuen, zukünftigen Menschen vor uns stünde. Nicht umsonst erscheint Lucia in der Morgenfrühe des neuen Tages nach der längsten Nacht (vor der Kalenderreform).

Seit meiner ersten Begegnung damals mit Lucia habe ich viele Lucia-Feiern gesehen. Am erschütterndsten war die im Gefängnis Langhoman, wo ich eine zeitlang in der rechtspsychologischen Abteilung beamtet war. Der riesige,...Saal war ganz dunkel, dicht gedrängt saßen auf den steil aufsteigenden Bankreihen Hunderte von Männern in der bekannten, gestreiften Anstaltstracht ... Der grauen Masse gegenüber stand einsam die Lichterbraut. Sie sang wieder die süße italienische Melodie. Drauf tiefe Stille. Mehrere Minuten lang standen sie sich so gegenüber: Santa Lucia und die dunkle, unerlöste Menschenmasse. Niemand wagte, das Schweigen zu brechen. Schließlich faltete das Mädchen die Hände und zog sich langsam zurück,.... ein Gruß aus einer anderen Welt.»

Hans Mändel in seinem Buch: „**Vom Geist des Nordens**"[7], über den schwedischen **Lucia-Brauch**

Lucia – Legende aus Norrland

Bevor Gottvater Eva erschuf, hatte Er Adam eine ganz andere, aus Erde geformte Frau zum Weibe gegeben: Sie hieß Lucia und war wild und schön. Aber als Stamm–Mutter des Menschengeschlechts war sie ungeeignet: Sie hielt sich nicht an Gottes Gebote und naschte vom Apfel des verbotenen Baumes. Und nicht genug damit, verführte sie auch Adam dazu, dass er davon aß. So mussten Adams das Paradies verlassen.

Sie siedelten sich unten auf der harten Erde an. Lucia war darüber nicht weiter traurig. Den Tieren näher als den Menschen, war sie Adam eine unersättliche Nachtgefährtin, so dass ihrer beiden Nachkommen bald alle Zimmer des Hauses füllten. Adam kam mit dem Anbauen neuer Räume nicht mehr nach. Lucia aber hielt ihre Kinder gar nicht ordentlich wie eine Menschenmutter, sondern eher wie ein Trollweib.

Gottvater war darüber beunruhigt und dachte mit Unbehagen an Adams Ehe. So beschloss Er eines Tages, die Familie zu besuchen, um Lucias Hauswesen vor Ort zu prüfen. Als Lucia dies erfuhr, erschrak sie. Sogleich ging sie daran, ihre Brut zu säubern: Sie bürstete und schrubbte, wischte Triefaugen und Laufnasen und riss den Kamm durch die verfilzten Pelzköpfe ihrer Kinder. Sie mühte sich lange Zeit, und doch hatte sie nicht einmal die Hälfte aller Kinder hergerichtet, als es an der Tür klopfte. Lucia begann zu zittern. Da kam ihr ein Gedanke: Sie öffnete das Keller-loch, packten den größten Teil ihrer Brut an Ohren und Haaren und zerrte und schob die Kinder ins Dunkel hinab. Dabei machte sie drohende Gebärden, keinen Mucks zu tun, und schlug die Kellerklappe zu. Darauf hastete sie zur Haustür und öffnete: Und da stand der Allmächtige und wartete. Sie bat Ihn herein und Er besah sich aufmerksam die Kinderschar, die da mit rot gescheuerten Backen, Nasen und Ohren herumstand. „Sind das alle deine Kinder?" fragte Er. – „Ja", antwortete Lucia. – „Wirklich alle?" fragte Er nach. – „Alle", bestätigte Lucia, wagte aber nicht aufzublicken. – „Wirklich, Lucia?" fragte der Herr sie zum dritten Mal. – Und: „Ja", log sie abermals.

Da wurde Gott Vater zornig und sprach: „Dreimal hast du nun gelogen. Fortan sollst Du dafür im Verborgenen leben, so wie du deine Kinder vor mir verborgen und verleugnet hast!" Lucia wurde dünn wie ein Nebel und schlüpfte mit allen ihren geschrubbten Kindern zum Kellerloch hinab. Damit Adam aber nicht gar so traurig über den Verlust sei, gab Gottvater ihm ein neues Weib, das hieß Eva und war tugendsam und ordentlich.

Lucia wohnt seit jener Zeit als Mutter des Lussevolkes, der Naturwesen, Ko-bolde und Dämonen im Verborgenen. Nur einmal im Jahr, in der langen, finsteren Luziennacht, erscheint sie mit großem Gefolge auf der Erde und schreckt Menschen und Tiere.

So erleben wir auch mit Luzia in Sage und Brauchtum zwei verschiedene Seiten ein und desselben Wesens: Die in Stroh oder Pelze gehüllte Schreckgestalt mit Ziegenkopf oder langem Schnabel, die Lutz oder Budelfrau, und die hilfreiche Beschützerin Luzie, die man im Alpenland um Hilfe anrief:

Vor Drudendruga, Hegsnhoagsn,
Daifisbroazn, Zauwrafoagsn
Bschitz mich d´halche Luzie
Bis ich muaring früh oaftsteh!

Der man auch „Windopfer" darbrachte, indem man Mehl in die Luft warf. – Letzteres begegnet uns, etwas abgewandelt, bei der Perchta des Alpenraums wieder.

Am 13. Dezember durfte – Luzia zu Ehren – nicht gesponnen werden, eine Tätigkeit, die sich sonst das ganze Jahr durchzog. Ähnlichem Brauch begegnet man auch bei Frau Holle. [1][2]

Perchta

Stephan und Staffan

Der Feiertag des Heiligen Stephanus liegt auf dem 26. Dezember. Da jedoch im schwedischen Lucia-Brauch oft ein Knecht **„Staffan"** und andere Stallknechte mitziehen und im Wechsel mit den Lucia-Liedern auch Staffansweisen erklingen, betrachten wir die Staffans-Gestalt zuerst:

Wieder fällt bei genauem Hinsehen auf, dass sie aus verschiedenen Wesen besteht: Da ist zum einen der Vorsänger der Staffansweise – einem alten Wechselgesang – der als **Staffan** in Stallkleidung auftritt. Es gibt aber auch Landschaften, wo sich um den Zug der Lichterjungfrauen eine Schar **„Lussegubbar"** herumtrollt, also recht verwahrlostes, zwielichtiges Gesindel. Ist auch der Staffan ein solcher Trunkenbold, ein „Lussegubbe"? – Manchmal trägt er auch noch die rote Zipfelmütze des „Jul-Nisse" oder „Tomte", des schwedischen Weihnachtszwerges.

Zwar ist Staffans koboldhafter Schabernack gebändigt durch die Lichterjungfrauen des Zuges – in ihrem Dienste teilt er ja auch die „Lussekatter", das Lucia-Gebäck aus; aber ein bisschen Schabernack kann er schon treiben: etwa in einem Zimmer das Licht löschen, bevor der Zug der Lichterbräute eintrifft, heimlich ein Lesezeichen aus einem herumliegenden Buch ziehen oder eine „Lussekatze" in einem Brillenetui deponieren… –

Staffan ist der Schutzheilige der Pferde. Ihm zu Ehren wurden am Stephans-Tag (26. Dezember) Pferderennen veranstaltet, die es in England heute noch gibt. –

Wer oder was ist er also? Der harmlose Stallknecht? Ein betrunkener Widerling? Ein Kobold, Troll oder noch Schlimmeres?

Staffan-Legende

Staffan war oberster Stallknecht am Königshof des Herodes. Er war ein schöner, lebhafter Jüngling mit wachen Sinnen und geschickten Händen. Seine Augen waren so außergewöhnlich scharf, dass er sowohl den Schleuderstein, als auch Pfeil und Bogen meisterhaft handhabte. Nichts in Feld, Wald und Flur entging seinem Falkenblick. Wenn er des Morgens früh die ihm anvertrauten Fohlen und Jungpferde zur Tränke trieb, schaute er die Geheimnisse des Sternenhimmels. Und wenn er die Tiere im Sonnenschein zum Stall zurückbrachte, so gewahrte er um sich her die Geheimnisse der Erde, auch die der Pflanzen und Tiere. Er kannte sich in der Heilkunst aus, lebte gesellig und war bei seinen Kameraden beliebt.

Eines Morgens, als Staffan mit den Fohlen um die Wette gelaufen war und noch vor den Tieren an der Quelle einen frischen Trunk schöpfen wollte, erblickte er im Wasserspiegel ein Licht, wie er es noch nie gesehen hatte. Er schaute zum Himmel auf, konnte dort aber nichts entdecken. Inzwischen waren auch seine Tiere angekommen. Staffan ließ sie trinken. Als er sich wieder über die Tränke beugte, sah er im Wasserspiegel drei Sonnen, die zu einer einzigen verschmolzen. Und in deren Licht schaute er das Wunder der Christgeburt.

Davon war er so erfüllt, dass er die Begebenheit bei seiner Rückkehr auch anderen erzählte. Das sprach sich herum und kam Herodes zu Ohren. Er befahl Staffan vor sich und fragte ihn aus. Staffan wusste wohl, in welcher Gefahr er schwebte, doch erzählte er wahrheitsgemäß, was sich zugetragen hatte. Als er von dem neugeborenen Kind als dem König des Himmels und der Erde sprach, geriet Herodes vor Zorn ganz außer sich. Er befahl, Staffan gefangen zu nehmen und zu blenden. Danach ließ man ihn laufen.

Krank und elend irrte Staffan umher. Nur seine große Kraft hielt ihn aufrecht. Nach einiger Zeit fand er sich auf vertrautem Land wieder, denn er kam in die Nähe der Quelle, deren Spiegel ihm das Wunder am Himmel gezeigt hatte. Er tastete sich voran, um seine brennenden Augenhöhlen am Wasser zu kühlen. Mit beiden Händen schöpfte er es und führte es zum Gesicht. Kaum aber berührte es seine Augen, als der Schmerz auch schon verflog. Und alsbald wuchsen ihm neue Augen, die noch viel schöner waren und schärfer sahen als seine alten.

„…Festgebräuche bewahren wie sonst nichts anderes in der Welt urältestes Volksgut mit erstaunlicher Zähigkeit. Besonders ist dies der Fall in Skandinavien, das in seiner nördlichen Lage durch alle Zeiten nivellierenden Kulturströmen am wenigsten ausgesetzt war. Bis zum heutigen Tage ist heidnisches Brauchtum nicht ganz verschwunden, und das Jul-Fest trägt noch immer weit mehr die Prägung froher winterlicher Sonnenwendfeier als christlicher stiller, heiliger Nacht. Die Farbe des schwedischen Weihnachtsfests ist auch keineswegs feierliches Weiß, sondern helles, lebensfrohes Rot. Immer noch gedenkt man am Julafton (Weihnachtsabend) vor allem der Hausgeister (Tomtar), und darum nimmt die ganze Familie ihre Mahlzeit in der Küche ein; immer noch hängen darum überall Hafergarben an Fenstern und Gesimsen – des Fruchtbarkeitszaubers wegen, den auch der strohene Jul-Bock herbeilocken soll, eine unentbehrliche Jul-Dekoration, die in allen Größen die Gabentische und Festtafeln ziert.

Uralt und zum Teil heidnisch sind auch die Jul-Gesänge. Am weitaus beliebtesten ist die „Staffans-visan", die Stefans-Weise, die nur zu Weihnachten gesungen wird. Aber vom Weihnachtswunder ist darin nicht die Rede. Geheimnisvoll und zauberhaft klingen ihre Töne in fremden, wie magischen Intervallen – das älteste Volkslied Skandinaviens. Im ganzen Land und in jeder Stube erklingt die Weise, am liebsten wird sie zur Julzeit von „Sternbuben" gesungen, die in weißen langen Kleidern, mit hohen weißen Kegelhüten und Sternstäben in den Familien auftreten oder auf dem Lande singend umherziehen. Das Lied lautet:

Staffan war ein Stallknecht,
Wir danken ihm so gerne,
Er wässert seine Fohlen fünf
All vor dem lichten Sterne.
Kein Tagesgrauen tut noch winken,
Sterne hoch am Himmel blinken.

Zwei Pferde waren rot,
Sie verdienen wohl ihr Brot,
Zwei, die waren weiß,
Die waren einander gleich,
Das fünfte, das war apfelgrau,
Da reitet Staffan selber drauf.

Noch vor dem ersten Hahnenschall
War Staffan längst schon aus dem Stall,
Eh´ noch die Sonn ging auf
Zaum und Goldsattel drauf!
Staffan reitet zur Quelle,
Wasser schöpft er mit der Schelle.

Staffan var en stalledräng

1.) *Staffan var en stalledräng. Vi tackom nu så gärna.*
Han vattna sina folar fem, allt för den ljusa stjärnan.
Ingen dager synes än, stjärnorna på himmelen
de blänka.

2.) *Två de voro röda. Vi tackom nu så gärna,*
de tjänte väl sin föda, allt för den ljusa stjärnan. –
Ingen dager ...

3.) *Två de voro vita: Vi tackom nu så gärna.*
De va´de andra lika, allt för den ljusa stjärnan. –
Ingen dager ...

4.) *Femte den var apelgrå, Vi tackom nu så gärna.*
Den rider själva Staffan på, allt för den ljusa stjärnan. –
Ingen dager ...

Staffans Tag ist der zweite Weihnachtsfeiertag. Bis in unsere Zeit war und ist es auch ein Festtag der Pferde, denn Stephanus ist ihr Schutzpatron. Früher wurden die Pferde vor Tagesgrauen zu heilbringenden Quellen geritten und dort geweiht (rituell gewaschen) oder zu nordwärts rinnendem Gewässer getrieben, denn solches galt als Segen bringend. In mancherlei Formen hielten die Bauern an diesem Tage Pferde-Wettrennen ab, ein Brauch, der vielerorts auch in Mitteleuropa geübt wurde. Dann trank man die Staffan-Minne (Minne = Gedenken). Pferd und Wasser waren die Signatur des Stephans-Tages, des großen Pferde-Tages".

Mit kleinen Änderungen nach H. Mändel [7]

Santa Lucia

1.)   *Natten går tunga fjärt runt gård och stuva. Kring jord som sol´n för lät skugorna ruva.*
     |: Då i vårt mörka hus stiger med tända ljus Sancta Lucia.:|

2.)   *Natten var stor och stum, nu hör det svingar i alla tysta rum sus som av vingar.*
     |: Se på vår tröskel står vitklädd med ljus i hår Sancta Lucia.:|

3.)   *Mörkret skall flykta snart ur jordens dalar, så hon ett underbart ord till oss talar.*
     |: Dagen skall åter ny stiga ur rosig sky. Sancta Lucia. :|

1.)   *Die Nacht geht mit schweren Schritten um Haus und Hof. Auf der Erde, welche die Sonne verlassen hat, lauern die Schatten. Doch dann scheint es in unser dunkles Haus herein mit strahlendem Licht: Sancta Lucia.*

2.)   *Die Nacht war gewaltig und stumm, jetzt aber hör das Schwingen: In alle stillen Zimmer*

        dringen Laute wie von Flügeln. Dann steht auf der Schwelle, weiß gekleidet, mit Licht im Haar: Sancta Lucia.

3.)   *Das Dunkel wird bald fliehen aus den Erden-Tälern; dann spricht es wie ein wunderbares Wort zu uns: Der Tag wird wieder emporsteigen in rosigem Schein: Sancta Lucia.*

Botschaft

1. Nun erwacht und freut euch, Lucia ist da.
   Und die Nacht wird zum Morgen (gewendet).
   Die schimmernden (Kerzen)Lichter in der Krone sie trägt,
   Und Hoffnung im Herzen sie entzündet.

   Nu vaknen och glädjens Lucia är här,
   Och natten mot morgonen vänder.
   De skimrande ljusen i kronan hon bär,
   Och hoppet i hjärtat hon tänder.

2. Willkommen du Mittwinters strahlende Maid
   Du tröstende Botschafterin.
   Das Leben, zugedeckt von Frost und von Schnee,
   Wird Sieg von neuem doch gewinnen.

   Välkommen du midvinters strålande mö,
   Du tröstande budbärarinna,
   Se livet som höljdes av frost och av snö,
   Skall seger å ny o doch vinna.

3. Willkommen, willkommen von neuem in unserem Haus,
   Du Lichterbraut, die die Nacht bezwingt,
   Und entzünde im Dunkel einen Schimmer von Licht,
   Und Hoffnung und Freude uns bringe!

   Välkommen, välkommen på nytt i vårt hus,
   Du ljusbrud som natten betvingar,
   Och tänder i mörkret en strimma av ljus,
   Och hopet och glädjen oss bringar!

   (*S. Hallström – E. Aucén*)

Lucia und Staffan

In Lucia und Staffan begegnen uns zwei entgegen gesetzte Betrachtungsweisen. Dabei ist die besondere Art ihres jeweiligen Schauens stark ausgeprägt. Lucia wird der läuternden Kraft der geistigen Wirklichkeit durch Gebet und Versenkung in solch hohem Maße teilhaftig, dass sie allen Menschen als „überirdisch schön" erscheint. Diese Kraft leuchtet ihr aus den Augen. – Staffan dagegen erlebt die geistige Wirklichkeit ganz im Sinnenschein. Seine Augen sind „falkenscharf". – Lucia wendet sich sinnend nach innen, Staffan schauend nach außen. Beider Sichtweise sind religiöse Grundgebärden und zeigen zwei verschiedene Entwicklungswege: **Meditation und Kontemplation** sind Lucias Weg; die auf das äußerste **gesteigerte Sinneswahrnehmung** Staffans.

Lucia verzichtet, dem Sohn des Statthalters zuliebe, auf ihre Augen und opfert sie dem Freund, ohne ihrer eigenen Lebensanschauung untreu zu werden. Dadurch erweckt sie auch ihren Gefährten für die geistige Wirklichkeit; es ist, als werde er durch Lucias Augen-Opfer selber sehend. Danach darf auch Lucia sich ihrer besonderen Betrachtungsweise wieder hingeben, ohne egoistisch ihr eigenes Leben und das ihrer Eltern zu gefährden oder den Jüngling zurückzustoßen. Ihre Augen sind nach dem freiwilligen Opfer noch schöner geworden.

Staffan gerät durch seine Tätigkeit in der Burg des Herodes in dessen Einfluss und Bann. Er muss sich der Betrachtungs- und Sichtweise des

Königs anschließen. Aber er kann so nicht leben: er wird davon blind und krank. Er tastet sich umher und findet nur durch Zufall oder Gnade – nicht mehr durch eigenes Sehen – den Weg zum Wasser. Nachdem er aber wieder zu seiner Quelle gelangt ist, fließt diese von neuem: Staffan wird geheilt und sieht jetzt, nach der Erfahrung durchlebter Blindheit, noch klarer als zuvor. – Dass des Herodes Wesensart seelentötend ist, verrät ja auch das Bild des „Kindermordes", das von Herodes überliefert ist.

Es scheint, als deute der schwedische Lucia-Brauch, bei dem Lucia und Staffan miteinander umherziehen, in besonderer Weise auf das beginnende Jul–Geschehen hin:

Sei wachsam und schaue nach außen **und** nach innen auf das, was mit dem Beginn der Dunkelnächte anfängt zu werden und zu wirken! Lass dich nicht von Oberflächlichem irreführen! Blicke mit „Falkenaugen" in die Welt und bedenke liebevoll, was du an echtem Sein dabei wahrnimmst! In diese Richtung deuten auch die Worte:

«Zum Himmel schau und dann zur Erden
auf das, was neu beginnt zu werden.
Mit Adlers Blick sieh auf den Schein,
Ob er nicht möchte Wahrbild sein.»

Kann denn Sinnenschein Wahrbild für eine Wirklichkeit sein? – Der gegensätzlichen Strömungen von meditativem Sich-Versenken in geistige Inhalte (Lucia) und Geistesgegenwart im Erleben des Sinnenscheins (Staffan) gehören beide zur Weihnacht. Sie begegnen uns auch in den christlichen Weihnachtsspielen und -Geschichten wieder, wo sie in den Gestalten der „Könige" (Lucia) und „Hirten" (Staffan) auftreten. Hier grübeln und forschen die Könige in der Tradition und über Weissagungen und Büchern, dort erleben die Hirten die Botschaft in und aus der Natur.

Frau Holle – die Große Mutter

24.–25. Dezember

Die Große Mutter **Frau Holle**, die Holde, wie sie in Mittel- und Norddeutschland liebevoll genannt wird, hat viele Namen: Holla, Holda, Hulda, Frau Gode oder Godel, Frau Harke, Herke, Erke, Frau Frigg, **Luzia**, Lutz, Lutzelfrau, Buddelfrau, Pudelmutter und andere. – Bruder Rudolph (vor 1270–1313) nennt sie Frau Holda und spricht von ihr in seiner „Summa de confessionis discretione" als der „Königin des Himmels".

Am 24. Dezember deckte man ihr zu Ehren den Tisch für die folgende Nacht, die „Hollennacht". Da kam sie dann ins Haus, speiste und trank und segnete die Bewohner. Berchta oder **Perchta** nennen sie die Süddeutschen vom Fichtelgebirge bis jenseits des Brenners. Von ihr wird noch die Rede sein. – Was aber versteckt sich hinter den Namen?

1.   Frau Holles Namen-Variationen haben drei Wurzeln:

- 1.1. Die vielleicht wichtigste ist **Hel** oder Hella, die germanische Göttin der Unterwelt. Die christliche Kirche hat aus Hels Reich die „Hölle" gemacht. Hel, die „Unterwelt", ist das **„Erdinnere"**. Das Wort ist verwandt mit **„hell"** und **„heil"**.

- 1.2. Die zweite ist Huld oder **Huldr**, deren Saga (S. 62) auffällige Parallelen zur schwedischen Lucia-Sage aus Norrland (S. 48) aufweist. In beiden wird die Hohe Frau als Herrin der Elementarwesen, Kobolde, Dämonen und Riesen genannt, der Naturwesen der Erde.

- 1.3. Die dritte Wurzel ist **Hludana** oder Huldana (Hulda – Holda), eine Göttin, die in Friesland von den Fischern verehrt wurde. Dort und in Geldern wurden ihr zu Ehren Steine mit ihrem Namen gesetzt. Hludana weist auf **Hjudyin** (= die „Huldin"), die Mutter Thors. Deren wesentlich bekannterer Name ist aber

90

Jörd, Mutter Erde. In der Snorri-Edda werden die Steine der Erde „Hlodyns Knochen" genannt.[1]

2. Frau Perchta, Perachta, Berchta, Bertha, Bestla, Baitha oder Beta, deren Name in vielen Sagen und Märchen in Zusammenhang mit Frau Holle genannt wird: „Frau Perchta, die man im Norden auch Frau Holle nennt ...", – „Es war wieder Berchten-Abend, den das Volk auch Frau-Hollen-Abend nennt...." – „Diese Frau war aber keine böse Hexe, sondern die gütige weise Schicksalsfrau Holle-Berchta .." u.s.w. Dieser Name hat Bezug zu drei Wurzeln:

2.1. Von der germanischen Erdgöttin Jörd und deren vermännlichtem Namen **Njörd** (der dem Wanen-Geschlecht entstammte). Njörd wurde romanisiert zu Nerthus (S. 61), deren Kultwagen von Kühen gezogen wurde. Nerthus wird zu Nertha, Herta, **Berta** und Baita.

2.2. Berta heißt die „Glänzende", „Strahlende" – berht, beraht ist althochdeutsch und bedeutet „hell, glänzend". Oft wird sie beschrieben als „schneeweiße Jungfrau" im Lichtgewand, „strahlend vor Schönheit". Von ihrer Namensvariante Baita oder **die Baithen** leiten sich im Bodenseeraum Ortsnamen her wie Baitenhausen oder Betenbrunn, von Berchta bayerische Ortsnamen wie Berchtesgaden, Berchtesberg, Berchtesburg, u.a.

2.3. Da eine Namensvariante auch **Bestla** war, soll diese Spur ebenfalls verfolgt werden: Bestla war die Mutter von Odin – Wili –

---

[1] Anmerkung: Jörds weitere nachweisbare Namen sind: Jord, Hlodyn, Huldana, Fjorgyn, Grid und Rind. Jörd ist die Tochter der Nacht und des Riesen Onar. Als Hlodyn (= Steinhaufen, Erdhaufen, Herd) türmt sie sich auf; als Fjorgyn (= Erde, Land) ist sie die Wald-Bewachsene; als Rind die Göttin der unbebauten, harten, unfruchtbaren Erde; als Grid die Heftige, Ungestüme.

Wê. Ihr Name leitet sich von „beran" her, was „tragen, gebären" bedeutet.

3. Frau Gode

Frau Gode oder Godel ist die **Patin/Gevatterin** (Pater = Vater), wobei der Begriff „Gemutterin" wohl angemessener wäre. Frau Gode ist eine besondere Mutter – nämlich unser aller gemeinsame. Frau Gode könnte sich aber auch herleiten von „fru Gwode" oder „fru Wode" und damit auf Wodan deuten, dessen Gemahlinnen Jörd oder auch Frigga sind.

4. Frau Harke,

auch Herke, kommt von **Erke**, was „Erde" bedeutet. Ein alt-angelsächsischer Ackersegen lautet:

„Die Erde bitt´ ich und den Oberhimmel:
Erke, Erke, Erke Erdenmutter."
Es gönne der allwaltende ewige Herrscher,
dass die Äcker grünen und gedeihen.
Heil sei dir, Erdflur, der Irdischen Mutter.
Sei du grünend in Gottes Umarmung,
mit Frucht gefüllt den Irdischen zu frommen.

5. Frau Frigg

ist die germanische **Frigga**, die Gemahlin Odins/Wodans. Auch Jörd war seine Gemahlin. Frigga ist gewissermaßen der Sternen-Aspekt der Jörd. Frau Frigg reitet in den Sagen von der „Wilden Jagd" im „Wilden Heer" des Wod (oder Wodan) mit, wie dies auch in anderen Sagen die Frau Holla oder die Hollenfrau tut.

6. Luzia

Die Norrlandsage von Lucia (S. 46) zeigt, dass auch Lucia – wie Huld oder Huldr – mit der Erde zu tun hat. Ihr Erscheinungsbild im süddeutschen und österreichischen Brauchtum weist einen direkten Zusammenhang mit Frau Perchta auf. Beide Gestalten sind sich ähnlich, auch in ihrer Schreckgestalt, und haben ähnliche Gebärden. Ihrer beider Drohen als „böse Lutz" oder „schiache Perchta" sind nahezu identisch.

Schon im Märchen der Brüder Grimm offenbart Frau Holle etwas von ihrem Wesen: Das Menschenkind Goldmarie fürchtet sich vor ihr: Die Hollenfrau ist eine Alte mit überaus großen Zähnen. Sie erweist sich dann aber als gütig und gerecht – so sehen es die Fleißigen. Den Faulen dagegen erscheint sie streng, ja grausam. Wie andere Naturgewalten ist sie über Gut und Böse erhaben. Zweifellos trägt sie jedoch in manchen Sagen und Bräuchen auch dämonische Züge und ist unberechenbar und unheimlich, vor allem wenn sie in Rudeln auftritt, als „Hollen", „Hüllen", „Hulken" oder „Strigholden". Aber auch als Einzelgestalt, „Hollea" oder „Holda" schreckt sie mitunter Kinder und Erwachsene. Der alte Ausdruck „mit den Hollen fahren" für „nachtwandeln" verweist die Hollen in den Nacht- und Traumbereich.

Streng wachte die Hollen-Frau darüber, dass in den „Zwölften" nicht gesponnen wurde. In dieser Zeit mussten alle Räder still stehen; stand doch da auch das große kosmische Rad des Jahreskreises still. Eine der Sagen aus Ostpreußen hatte dies zum Inhalt(S. 21).

Perchta

Je nach Gegend tritt sie auf als Perchtl, Berchtl, Berchtgloba, Berchtrababa, Busebercht, Butzenbrechtl, Budelfrau und Eisenbertha.

Stets trägt Perchta die Gestalt eines alten Mütterchens. Sie zeigt sich entweder gütig und hilfsbereit, wenn jemand in Not gerät, der seinem Wesen nach gut und bescheiden ist; oder dämonisch wild und drohend, wenn sie kommt, um bei Faulheit, Liederlichkeit und anderen Schwächen zu strafen. Dann erscheint sie nicht hilfreich und gütig, sondern „schiach" und heißt daher „schiache Perchta". Als verzerrte Schreckgestalt mit langer, mancherorts eiserner Nase, als schwarzer „Hund" oder Ungeheuer mit Rosskopf, als Laubasthaufen, „grauer Wutzel" oder Pelzdämon mit Holzmaske und Vogelschnabel-Nase tritt sie uns dann entgegen. In der „Gömacht", d.h. der Gebe-Nacht am 5./6. Januar stellte man ihr in Österreich Essen und Trinken auf den Tisch, vors Fenster oder aufs Dach. Im Vorbeigehen stäubt sie den Leuten Mehl ins Gesicht.

Im süddeutschen und österreichischen Alpenraum gab es jährlich stattfindende Perchtenläufe; in einigen Gegenden haben diese sich erhalten, heutzutage nur noch als Touristenattraktion. Da drohte dann die schiache Perchta, Pudelmutter oder Budelfrau mit Bauchaufschlitzen und dem Herausreißen des Gedärms, wie es andernorts die Lutzelfrau tat.

„Perchta ist die Gemahlin des Sturmgottes, die Herrin über Wolken und Winde". Sie wurde im Bilde der Regen spendenden Wolke verehrt. Sie gewährte oder verweigerte die Fruchtbarkeit. Sie war die Schützerin aller Frauen und vor allem den Spinnerinnen wohlbekannt. Ihre Verbindung zu Sturm, Wind und Luftraum begegnet uns auch in späteren Vorstellungen, wo ihrer als Gemahlin oder Geliebte Wodans – Frau Frigg – gedacht wird. Da reitet sie im „Wilden Heer" Wods – Wodans mit.

Beim „Perchtenlaufen" ziehen die jungen Burschen oft zu Hunderten durch die Bergdörfer, teils vermummt und verkleidet, teils mit Peitschen bewaffnet, mit denen sie knallen. In manchen Gegenden ist die Perchta vom Bischof, vom Teufel oder von Naturgottheiten begleitet. In Oberbayern waren es drei alte Weiber, die am Dreikönigs-Abend „Perchten gingen", wozu sie sich alte Hosen ihrer Männer, alte Jacken und Säcke anzogen, in die sie Löcher für Augen und Mund geschnitten hatten. Dann rasselten sie vor den Häusern mit den Ketten, schlugen an die Haustüren und die Leute gaben ihnen Birnen, Brot und Nudeln, damit sie schnell wieder weiter zogen.

Die Herrin der Tiere
und ihre saligen Fräulein[2]

Ein armer Ziegenpeter weidete seine Herde im grünen Grund. Feierlich ragten die Schneeketten der Gebirge über ihm in den blauen Morgen. Da zerpeitschte ein

Schuss den Frieden und todeswund lag eine Gemse im blühenden Kraut. Ein Wilddieb hatte erbarmungslos die Tiermutter abgeschossen. Ihr Lämmchen stürzte vor Schreck von der Felswand und lag mit gebrochenem Schenkelchen wimmernd am Hang. Da sah der Hirte eine Jungfrau in gegürtetem Weiß. Die kniete zu dem Tierkind, hob´s mitleidig auf und trug es zum klaren Bach. Hier wusch sie die Wunde, legte heilende Kräuter darauf, bestrich und besprach den Bruch. Dann trug sie das kranke Tier dem erschrockenen Hirten zu. Die Salige – denn es war eine von Berchtas Dienerinnen – sprach: „Ich lege dir unser Schmerzenskind an das Herz. Geselle es deinen Zicklein zu und ziehe es mit Ziegenmilch auf. Tust du´s dem Tier, so tust du´s dir!"

Der Hirt war eine treue Seele und nahm sich des Findlings gerne an. Aber noch lieber hätte er doch erfahren, wo denn die saligen Fräulein wohnen. Denn schon oft hatte er von ihrem segnenden Wirken gehört. Er wusste wohl, dass sie die Flachsfelder schützten, den Mädchen zur Hand sind, die Faser zu bereiten, zu hecheln, zu kämmen, zu spinnen und zu weben. Nun hatte er auch erfahren, dass sie sich über die Tiere der Wildnis erbarmen. Das lockte ihn noch mehr, ihr Geheimnis zu ergründen.

Übers Jahr, als das Gämslein ausgewachsen und stämmig in seiner Herde mitzog, geschah es, dass eines sich aus der Herde löste und, als wäre es angerufen, zielsicher einem Bergpfade zulief. Neugierig ging er ihm nach und sah auch richtig wieder das salige Fräulein, das ihm freundlich winkte. Er folgte ihr in Täler und Schluchten, die er noch niemals gesehen hatte. Dann öffnete sich vor ihnen ein Gletschertor, und sie traten in kristallene Gänge, in gläserne Gassen, die von Bergkristallen erstrahlten. Aus der Eisdecke fiel das Licht des sonnigen Tages und brach sich in spiegelnden Farben. Nach langem Wandern gelangten sie schließlich in eine schimmernde Halle. Da thronte Frau Berchta, angetan mit silbernem Kleid, das ein blauer Mantel umfing. Die saligen Fräulein in weißen Gewändern umringten die hohe Gestalt, die sich zum Hirten niederbeugte: „Ich weiß wohl, wie du es meinst", sagte die Herrin, „du hast dich des Tierkindes erbarmt, als es die Mutter verlor. Den Mörder hat meine Strafe getroffen. Du aber nimm dieses Kästchen als Lohn. Bleib fleißig und gut." Dann drückte sie mit dem Zeigefinger das Schweigesiegel auf seine Lippen.

Der Hirte stieg beglückt zurück in den Tag. Das goldene Kästchen mit dem großen Karfunkelstein-Deckel hat er in ein sauberes Tuch gewickelt verborgen, bis er über Jahr und Tag ein liebreiches Mädchen fand und zur Frau nahm. Nach der

Hochzeitsnacht hat er ihr diese Morgengabe überreicht und schweigend haben die beiden zum erstenmal den kostbaren Deckel aufgeschlagen. Unter dem großen Karfunkelstein fanden sie so viel Gold, dass es zu einem Bauerngütchen zugelangt hat. Und weil die beiden in Liebe und Redlichkeit verharrten und auch ihre Kinder nicht aus der Art schlugen, blieb Frau Berchtas Segen in ihrem Haus.

Wenn aber am Winterabend die junge Frau mit den Mägden fleißig am Spinnrad saß, dann sind immer zwei weißgekleidete Mädchen gekommen und haben der Hausfrau spinnen helfen. Was sie gesponnen, war wie Seide, und wenn einer einmal der Faden riss, so rief sie: „Faden ab!", und die Gefährtin antwortete jedesmal: „Knüpf an!" Das war ihre einzige Unterhaltung. Da kam die Haufrau auf den Gedanken, ihren unbekannten Helferinnen Dankbarkeit zu erweisen. Sie bereitete ein reiches Mahl aus Eiern, Weißbrot, Butter, Honig und rotem Wein. Als nun die Spinnerinnen wieder zur Arbeit kamen, wurden sie traurig und sagten: „Dein guter Wille ist Dankes wert. Lohn um Lohn" und steckten ihr noch ein Garnknäuel zu. Dann aber nahmen sie still ihre Spindeln, gingen und kamen niemals zurück. Denn so ist Frau Berchtas Gesetz, dass ihre Töchter nicht Dank noch Lohn von den Menschen annehmen dürfen. Aber der Garnwickel war ein Wunderknäuel, welches sich niemals ausgab. Und so blieb der Segen dennoch beim Haus und in den Herzen der Menschen zurück.

6. Januar, Perchtenlaufen:

Die Perchta ist eine der alten Naturgöttinnen, ursprünglich eine regenspendende Wolke, Gemahlin des Sturmgottes und damit Herrin über Wolken und Wind; sie besaß also die Macht, Sonnenschein und Fruchtbarkeit der Feldfrüchte zu gewähren, war auch als mütterliche Schützerin der Frauen, vor allem der Spinnerinnen bekannt. Es gibt die schiache Perchta, eine gefährliche Person, die die Mägde erschreckt und die Kinder jagt und mitzunehmen droht; sie spukt auch als Frau Harke oder Frau Gode in Norddeutschland und jagt mit dem Wilden Heer, von heulenden Hunden umkläfft.[6)]

Nerthus

Der römische Geschichtsschreiber Tacitus (um 98 v. Chr.) schrieb über die Bräuche der Germanen, die um die Zeitenwende lebten. Die von ihm genannte Nerthus ist identisch mit Jörd / Njörd.

„Umzug der Göttin Nerthus mit ihrem Frauenwagen"[2)]

„An den (von Tacitus genannten) verschiedenen Nordstämmen ist im Einzelnen nichts Bemerkenswertes, als dass sie gemeinschaftlich die Göttin Nerthus, d.h. die Mutter Erde, verehren und von ihr glauben, sie walte über der Menschen Schicksal und besuche persönlich die Völker. Auf einer Insel im Ozean ist ihr heiliger Hain, und in ihm steht ihr geweihter Wagen mit einem Teppich bedeckt. Nur allein der Priester darf ihn berühren; er ahnt auch die Gegenwart der Göttin in ihrem Heiligtum und begleitet in tiefer Ehrfurcht ihren von Kühen gezogenen Wagen. Da gibt es denn fröhliche Tage und Feste an allen Stätten, welche die Göttin ihres Besuches und Aufenthaltes würdigt. Kein Krieg wird geführt, keine Waffe ergriffen, jedes Eisen ist verschlossen. Friede und Ruhe sind dann nur bekannt, dann nur geschätzt, bis die Göttin, des Umgangs der Sterblichen satt, von demselben Priester in ihr Heiligtum zurückgeführt wird. Hierauf wird der Wagen und Teppich und – wem es glaublich erscheint – die Göttin selbst in einem verborgenen See gewaschen. Den Dienst dabei verrichten Sklaven, welche sogleich der See verschlingt. Darum waltet geheimes Grauen und heiliges Dunkel über ein Wesen, das nur Todesopfer schauen dürfen."

Huldr

Die Huldr-Saga wurde im 13. Jahrhundert auf Island niedergeschrieben, entstammt aber einer älteren Überlieferung. Sie ist auf den folgenden Seiten gekürzt wiedergegeben. Wie schon bei den Nornen, den Schicksalsfrauen der Edda, wird Huldrs höheres Alter gegenüber den herrschenden Asen-Göttern durch die Verwandtschaft zu den Riesen ausgedrückt.

Die nordische Huldr-Saga[2]

Es war vor vielen Jahren, da solches geschah:

Odin, Loki und Hönir ritten zu ihrer Lustbarkeit in den Wald. Da bewegte sich etwas im Gehölz, und hervor sprang ein goldgeschmückter Hirsch. Das herrliche Tier erregte in Odin die Jagdleidenschaft, und er gab seinem Leibross Sleipnir die Sporen. Der Hirsch aber war ein flinker Renner und verlockte durch seine kühnen Sprünge den Jäger immer tiefer in das Labyrinth dieses Waldes, bis ihn seine Gefährten Loki und Hönir ganz aus den Augen verloren hatten. Aber der Hirsch tänzelte und reizte den Jäger Odin noch immer tiefer in das Gehölz. Dann sprang er über einen Busch und war verschwunden.

In dem gleichen Augenblick aber standen drei stattliche Frauen vor dem leidenschaftlichen Jäger und versperrten ihm den Weg. Die vornehmste unter diesen Weibern sprach mit spöttischem Lächeln: „Grüß dich, Odin, warum so hitzig? Komm mit uns und sei mein Gast und kühle deine männliche Glut mit einem frischen Trunk. Auch wirst du die Lustbarkeit einer wohlbereiteten Mahlzeit nicht verschmähen."

Odin war nicht abgeneigt, dieses Abenteuer einzugehen, er folgte den drei verlockenden Gestalten in ihre Höhle. Dort bereiteten sie ihm ein Gastmal. Hernach richtete die ältere ein Lager zu, das sie mit ihm teilen wollte. Nun verbrachten die beiden diese Nacht mit mancherlei Gesprächen über Runen und Zaubersprüche. Die Frau gestand ihrem Gast, sie habe ihn mit List zu sich gelockt, um ein Kind von ihm zu empfangen. Odin überraschte nun sie dagegen, indem er sagte: „Ich weiß, du bist Huld." Dann erzählte sie ihm das Geheimnis ihrer Abkunft:

„Meine Mutter war Magia geheißen, eine Königin von Huldumannaland und aus einem alten, zauberkundigen Geschlecht. Eines Tages kam Rudian, der Dicke aus Risaland auf einer Irrfahrt in ihr Gebiet und sie wurde sein Weib. Aber unter dem Vorwand, in seiner eigenen Herrschaft nach dem Rechten sehen zu müssen, verließ er seine Gemahlin. Beim Abschied mahnte die Ahnungsvolle, er solle ihrer ja nicht vergessen. Unterdessen schenkte meine Mutter Magia einer Tochter das Leben. Diese nannte sie Huld. Und das war ich. Jedoch aus Kummer über die Treulosigkeit meines Vaters setzte sie mich aus, während sie Rudian durch ihre Zauberkünste tötete. Selber grämte sie sich in der Folge zu Tode. – Gifgas aber, der Bruder meines Vaters und ein Riese voller Zauberkunst, erfuhr von dem ausgesetzten Kind. Er flog in Drachengestalt nach Huldamannaland und holte mich heim in seine Burg. Hier unterrichtete er mich in der Kunst des Zauberns.

Da ich nun sechzehn Jahre alt geworden war, heiratete er mich und ich schenkte ihm zwei Töchter Thorgerd und Yrpa, die du ja nun kennengelernt hast. Kurz danach war mein Gemahl von seinen Nachbarn erschlagen worden. Aus Furcht vor mir, der zauberkundigen Huld, boten die Mörder einen Vergleich an sowie die Unterwerfung unter meinen Spruch.

Daraufhin berief ich alle Riesen und Unholde zu einer Versammlung nach Hallmundartheithir in Jötunheim (Riesenheim) zu einem Gerichtsthing.“

„Dich, Odin“, so erklärte die nächtliche Erzählerin weiter, „habe ich nun zu mir gelockt, um deiner zu genießen. Dafür will ich dir nun die Ehre antun, dass du den Schiedsspruch auf jenem großen Thing persönlich fällen darfst. Auch empfehle ich dir meine beiden Töchter Thorgerd und Yrpa.“

Odin war bereit, die Bitte der Huld zu erfüllen. Er warf sich auf sein Leibross Sleipnir. Sie aber begleitete ihn, eingehüllt in das alte Drachengewand. Als sie zu dem Gerichtsort gelangten, waren alle schon versammelt zum großen Thing. Nun fällte Odin den Schiedsspruch: „Als erstes bestimme ich, dass Huld von nun ab die Oberkönigin über das ganze Volk der Riesen und Unholde im Nordland sein soll.

Zum zweiten ergeht hiermit der Befehl, dass in Trölladyngja zu Ehren der Huld und zu meiner Verehrung ein Tempel errichtet werden soll, dem sie mit ihren Töchtern vorstehen wird und dem alljährlich Abgaben zu entrichten sind.

Zum dritten bestimme ich, dass der Riese Swadhi mit den übrigen Leuten, die bei der Tötung des Riesen Gifgas beteiligt gewesen sind, die Syrgisdalir verlassen muss."

Und damit hatte es sein Bewenden.

Thorgerd, die ältere und angesehenere der beiden Töchter, erhielt den Beinamen Huldartröll oder Hörgabruthur).

In alten Sagen und Büchern aber wird die Huld mit ihren Töchtern vielfach als Schutzgeist ihrer Freunde angerufen. Der Riese Swadhi aber ließ sich damals auf Athathors Rat in Thorsdale nieder.

Dem Odin schenkte Huld ihre beiden Raben, welche ihn seitdem begleiteten und ihm alle Neuigkeiten zutrugen, die seit jener Zeit in der Welt geschehen sind.

Die Große Mutter

Bevor die patriarchalisch ausgerichteten Religionen der Indo-Europäer die alten Kulte und ihre Heiligtümer und Bräuche verdrängten, wurde in ganz Europa und in Teilen Asiens die Große Mutter als zentrale Gottheit verehrt. Sie war Liebes-, Fruchtbarkeits- und Todesgöttin zugleich.

Der Kult der Großen Mutter begleitete die Menschheit seit uralter Zeit. Forscher setzen seine Verbreitung und Blüte in die Jungsteinzeit, etwa zwischen 10.000 – 2.000 v. Chr. Riesige Monumente, Tempel, Steinsetzungen und Weiblichkeitsidole in Form von kleinen Figürchen künden von der ehedem gewaltigen Verbreitung dieser Religion.

Im Zeichen der Sonne, der Venus oder des Mondes bewirkte die Große Mutter ebenso die Gezeiten des Meeres wie den Zyklus des weiblichen Organismus, bewirkte sie Leben, Tod und Wiedergeburt, wie auch den Lauf der Jahreszeiten und die Fruchtbarkeit der Erde und Naturreiche.

Reste ihrer alten Kultstätten finden sich vor allem auf Inseln: in Großbritannien, Irland, auf Sardinien, Malta, Sizilien, Kreta und anderen.

Diese Stätten befanden sich für gewöhnlich an heiligen Gewässern, an Brunnen, Quellen oder Seen. Viele spätere Marien-Gedenkstätten sind an eben solchen Orten oder auf den Trümmern alter Heiligtümer der Großen Mutter errichtet.

Forscht man dieser Gottheit nach, so zeigt sie sich wesensgleich mit Mutter Erde. Sie ist die chthonische „Mutter Erde" („Mutter Natur"), zugleich aber auch kosmische Gottheit, insofern sie als Frigga den himmlischen Götterkosmos bewohnt.

Die Große Mutter war drei-einig. Steinbilder, vor allem Kopfdarstellungen der Gottheit, zeigen drei Gesichter, die aus einem Haupt hervorblicken. Auch das Sagengut jener Völker, die sich Erinnerungen an die Große Mutter bewahrt haben, erzählt von den drei Wesen, welche die Eine ausmachen: Sie ist

1.)   die „jungfräuliche Jägerin" oder „Braut",

2.)   die „Mutter" oder „Herrin",

3.)   die „unheimliche Alte", „Zauberin" oder „Hexe".

Den Menschen der Vorzeit bot sich der Jahreslauf dreifach gegliedert dar. Sie erlebten diese drei Jahreszeiten, welche jeweils ein Antlitz der Großen Mutter offenbarten, als Erscheinungsformen der Göttin. Es floss gewissermaßen

1.) der Frühling und Frühsommer aus der jungfräulichen Jägerin oder Braut,

2.) der Sommer und Frühherbst aus der Mutter oder Herrin,

3.) der Spätherbst und Winter aus der unheimlichen Alten, der Zauberin.

Im Frühling und Frühsommer fanden die großen Hochzeiten statt, wenn sich auch Himmel und Erde liebend vereinigten. Die Natur wurde zum kosmischen Brautbett, in das alle Kreatur einbezogen war. Eros' oder Amors Pfeil ist ein Relikt der alten Anschauung von der jungfräulichen „Jägerin". Sie war so übermenschlich schön, dass ihr bloßer Anblick wie ein Pfeil verwundete und fortan schmerzte[1]. Wer ihrer ansichtig wurde, musste ihr verfallen wie die Beute dem Jäger.

Im Sommer und Frühherbst dann quillt die Natur über vor Gaben aller Art; es ist „Erntezeit". Das führte zu dem Bilde des Füllhorns, das die Göttin im Arm trägt. Früchte und Getreide waren die Attribute der Großen Mutter, die man ihr in vielen Kulturen beigab. Im Keltischen war es der wunderbare Kessel der Fülle, der dem Füllhorn vorausging. Er ist die Grundlage allen Lebens. In dieser Jahreszeit zeigte die Göttin ihr mütterlich-liebevolles Wesen.

Der Spätherbst und Winter waren das Antlitz der unheimlichen Alten. Mild und gütig, aber auch drohend, richtend oder strafend, konnte sie sich dem Menschen zuwenden. Dem Faulen, Verderbten erschien sie unheimlich. Boshaft ließ sie ihn sein Versagen oder seine Versäumnisse spüren. Der Fleißige, Ehrfürchtige erlebte sie streng, aber gerecht,

---

[1] Siehe auch die Lanzen – Wunde des Anfortas im Parzival-Epos!

doch immer auch unbegreiflich und unberechenbar. Die Alte wahrte das Geheimnis von Tod und Wiedergeburt, wofür auch die Winterszeit das entsprechende Wahrbild bot.

Als die jungen, patriarchalisch orientierten Völkerschaften der Indo-Germanen in die Kulturräume der Großen Mutter eindrangen, vermischten sich Menschen gegensätzlicher Anschauungen miteinander. Die junge, kämpferische Weltsicht der Eroberer verdrängte und dämonisierte die Religion der Großen Mutter. Dennoch wurden Bruchstücke der letzteren, zum Teil verändert übernommen; andere verschwanden in der Schmelze der fremden Religion. So kommt es, dass bis in unsere Zeit hinein bestimmte Bilder und Bräuche der Göttin, allen Anfeindungen und Assimilierungsbemühungen zum Trotz, überliefert werden konnten. Beispielsweise in Bayern und Österreich, wo noch zu Beginn des 21. Jahrhunderts Frau Perchta als gütiges altes Weiblein, aber auch als „schiache Percht" in Schreckgestalt mit langer Nase umging. Und wie in mancher anderen Gegend Deutschlands, wo noch lange Zeit in Liedgut, Bildern, Gedichten und vor allem Sagen Frau Holle auftrat: Das eine Mal als weiß gekleidete, zauberisch schöne Jungfrau (wie die Jungfrau Luzia), dann wieder als Mutter im Gefolge tausender kleiner Kinder. Diese Luzia-Holle-Perchta ist niemand Anderes, als die nun „im Verborgenen" des Volksbrauchs und der Märchen und Sagen weiter wirkende Große-Mutter-Göttin. Das ist der eigentliche Grund dafür, dass sie noch zu Beginn des 20. Jahrhunderts als „volksmythologisch bedeutendste Gestalt in Deutschland" galt. Jungfrau, Mutter oder Alte, deren heimische Namen noch aus germanischer Zeit stammen, obgleich die Trägerin derselben unvergleichlich viel älter ist. Und wie aus einer Art „Erinnerung" an die drei-einige Göttin tritt sowohl Frau Holle in Gestalt der drei Hollen, Holden oder Hulden auf, als auch Frau Perchta in Gestalt der drei Perchten, Baiten oder Beten; wobei man sich die letzteren mit Lichterkronen vorstellte, wie wir es bei der Santa Lucia im schwedischen Brauch heute wieder erleben.

Was sich in Volksbrauch und -glauben von der Jungsteinzeit bis ins 20. Jahrhundert hinein so hartnäckig zu halten vermochte, dass es Tradition wurde und blieb, obwohl es stets der Verfolgung und schärfsten

Anfeindung vonseiten der späteren Kulturen ausgesetzt war, muss einen gewissen Realitätsbezug haben. Was sonst machte seine Attraktivität aus? Für Fantastereien nimmt man keine Lebensgefahr auf sich.

Auch in der germanischen Mythologie schimmert die Dreiheit der Göttin durch, so im Bilde der drei Nornen – der Thursenweiber Urd, Werdandi und Skuld, die an Urds Brunnen den Schicksalsfaden knüpfen und verweben. Nicht ohne Grund wird auch Frau Holle-Perchta vielfach mit Rocken und Spinnrad oder mit Spindel dargestellt. Auch die Schwäne auf Urds Brunnen weisen auf den Zusammenhang hin zwischen den Nornen und der Großen Mutter, denn letztere wurde als Liebesgöttin von „weißen Vögeln" (Schwänen oder Tauben) begleitet. Der Dreiklang: Vogel–Wasser–Mutter reicht indes noch tiefer in unsere Gegenwart herein. Bis zu Beginn des 20. Jahrhunderts – vereinzelt noch heute – wurde und wird kleinen Kindern erzählt, dass der Storch vom großen Teich oder vom „Kindl-Brunnen" die neuen Geschwisterchen hole.

> Storch, Storch, Guter,
> bring mir einen Bruder!
> Storch, Storch, Bester,
> bring mir eine Schwester!

Die Geschichte von der Kindelmuhme Marikestin (S.19) schließt dann den Kreis vom Brunnen zu Frau Holle.

Die drei Frauen und die Eine

Luzia, Frau Holle und Perchta verraten durch gemeinsame Attribute, gleiche oder ähnliche Tabus, Gebote und Verhaltensweisen in Brauchtum und Erzählung, dass sie ein und dasselbe Wesen sind; dass sie identisch mit der Großen Muttergottheit, identisch mit Mutter Erde oder Mutter Natur sind. In wechselnder Gewandung – je nach Anlass weiß wie Schnee, rot wie Blut, goldglänzend wie die Sonne, silbern wie der Mond, funkelnd wie die Sterne, (Bertha = die Strahlende, Glänzende) oder im blauen Mantel, der Farbe des Himmels – erinnern Luzia, Holle oder Perchta sowohl an Darstellungen der ägyptischen Isis als auch an solche der christlichen Maria. So gibt es zwei ganz identische Märchen von Frau Holle und Maria: „Die gleißende Kammer" und „Marienkind". Reminiszenzen an die Große Mutter führten auch dazu, von Maria als von der „Jungfrau und Mutter zugleich" zu sprechen. Nicht ohne Grund wurde die Marienverehrung im jungen Christentum von Seiten der Kirchenoberen bekämpft!

Frau Holles und Frau Perchtas Auftreten im Brauchtum betont stark die Dreiheit: Wir fanden beide als Einzelwesen, Rudel und Dreiheiten umherziehen. Als drei Aspekte begegnet uns die Göttin aber auch in den drei Frauen Luzia, Holle und Perchta. Diese gliedern mit ihrem jeweiligen Festtag die Vorweihnachts- und Weihnachtszeit in zwei Blöcke zu je dreizehn Nächten, den 13 Sperr- oder Dunkelnächten und den 13 Rauh-, Los- oder Weihenächten:

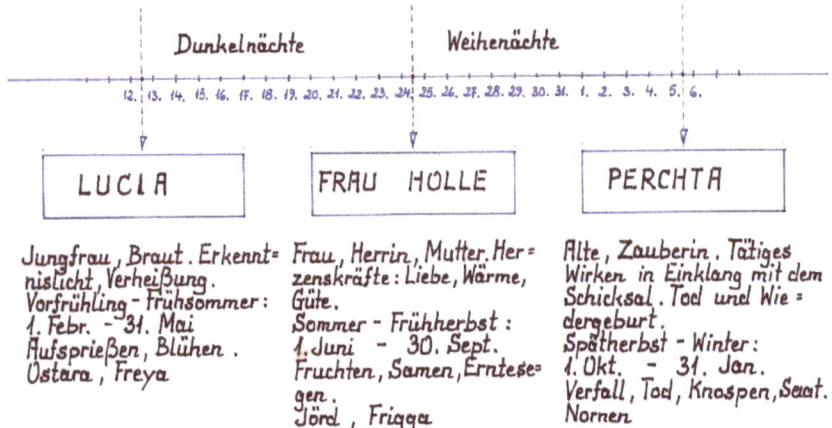

Stellt man sich diese Frauengestalten während der Dunkel- und
Rauhnächte vor Augen, die ja Wesensseiten ein und derselben Göttin
sind, so zeigt sich die erstaunlich Tatsache, dass man wieder die drei
Aspekte der großen Erdenmutter vor sich hat: am 12./13. Dezember
Santa Lucia, die **jungfräuliche Braut** (ljusbrud = Lichtbraut); am
24./25. Dezember in der Mutternacht Frau Holle als **Mutter und Herrin** des Schicksals und am 5./6. Januar Frau Perchta als gütige oder
„schiache" **Alte** in der Perchten-Nacht.

Deutlicher lässt sich kaum zeigen, dass Weihnachten das Fest der
Großen Mutter war und ist! Dass Erde und Himmel und deren Verhält-
nis zueinander und zu uns Menschen die einzige und alleinige Grundlage der Weihnacht war, ist und sein kann!

Wer also glaubt, sich nicht um die Geheimnisse der großen Erdenmutter bemühen zu müssen, dem wird Weihnachten genauso entglei-
ten, wie alle anderen Festeszeiten! Das Christentum musste dies bitter
erleben. Es steht im Begriff, auch die Weihnacht zu verlieren.

Lucia ist wie von Erkenntnislicht umstrahlt. Sie verbindet die jen-
seitige mit der diesseitigen Welt. Sie trägt das Licht in die Finsternis. Sie

spendet Leben durch lichte Gedanken. Sie ist als Braut gewandet. Sie sucht alle Menschen auf. Ihr Licht wird als Verheißung erlebt und ist doch unerklärlich vertraut.

Als die Jahreszeit der Jungfrau, Braut oder Weißen Göttin wurde das Dritteljahr von **1. März bis 31. Juni** erlebt. Durch die an ihrem Festtag ins Bild gebrachte Nähe zu Staffan rücken dessen Pferde mit ins Blickfeld. Dies ist nicht zu weit hergeholt, denn der alte Begriff „Jägerin" impliziert in jener Frühzeit auch die Jagd zu Pferde. Dazu kommt, dass sowohl das Pferd selbst als Bild für die Gedankenkräfte eingesetzt wurde, als auch der Jäger auf der Jagd nach dem „Wild". Und auf das Haupt mit seinem erhellenden Denken deuten noch einmal die Lichter auf Lucias Krone. Die „Geburt des neuen Lichtes", die sich äußerlich am Luzientage mit der Wintersonnwende vollzog, sollte auch in die Gedanken der Menschen Einlass finden; spirituelle Weisheit sollte im Denken aufleuchten.

Frau Holle zieht im Stillen umher. Sie verbreitet mütterliche Liebe, Wärme und Güte. Sie wiegt ihre Kinder. Sie ist die große Mutter aller Wesen. Sie spendet ihre reichen Gaben aus der Fülle ihrer Herzenskräfte. Sie ist zugleich Mutter, Schwester und Tochter aller Mütter.

Die Jahreszeit, in der ihr Wirken am stärksten, sie selbst aber am wenigsten erlebt wurde, war die Zeit des Reifens, Fruchtens und Nährens, das Jahresdrittel von **1. Juli bis 30. Oktober.**

Als Mutter aller Wesen schenkt sie den festen Leib, die Materie. Darüber hinaus spendet sie ihre Gaben aus dem Füllhorn des Lebens, dem „Kessel der Fülle". Kommt nicht auch der Impuls, zu Jul und Weihnachten zu beschenken und dabei Freude zu bereiten, von der Großen Mutter her?

Frau Perchta ist die Handelnde, die unermüdlich Tätige: Sie sucht Einzelne auf, belohnt und straft, lobt und droht. Sie greift mit Naturgewalt in das Schicksal ein, wie es der Mensch zu seinem höheren Besten braucht – auch wenn er sich dagegen wehrt. Sie wandelt Gewordenes, Eingefahrenes, Starres um; sie zerstört und schafft neu. Sie hält in Händen das Geheimnis von Leben, Tod und Wiedergeburt. Sie ist die weise Alte, die Zauberin.

Ihr Jahresdrittel umfasst Herbst und Winter, vom **1. November bis 31. Februar**. Schon am Laub der Bäume wird ihr Wirken sinnenfällig: Verwandlung ist ihr Impuls. Über das Welken, die flammenden Farben, den Laubfall, Verrotten und Verwesen wird das alte Werk des Vorjahrs vollendet, in der Knospenbildung aber bereits das neue angelegt. Perchtas Wirken tritt stärker ins Bewusstsein, als das der beiden anderen Göttinnen-Erscheinungen, weil es mit Strafe, Schmerz, Zerstörung und Tod und daher bewusster einhergeht. In ihrer Jahreszeit mit Eis und Schnee wird die Aufmerksamkeit vom Sinnenschein weg und auf ihr Wesen hin gelenkt. Sie tritt auch während der Dunkel- und Rauhnächte (zwischen 13. Dezember und 6. Januar) auf.

Die dreieinige Große Mutter Erde

Wir Menschen verdanken Mutter Erdes Opfer – in die Verhärtung und Versteinerung des Erdenkörpers hinab zu steigen – unser Menschsein. Dadurch, dass sie zu fester Substanz erstarrte, wobei sie uns die Materie für **unsere** Leibbildung zur Verfügung stellte und stellt, sind wir Erdenmenschen, leben wir unser Schicksal und können wir unsere Entwicklung zwischen Gut und Böse in Freiheit und zur Freiheit hin aufnehmen. Verbinden wir uns zu wenig mit ihr oder verstricken wir uns zu tief in sie: stets greift sie korrigierend ein und hilft uns. Aber auch, wenn wir uns nach Art Pubertierender von ihr abwenden, ihre Rhythmen und Gesetzte als für uns ungültig erachten und ignorieren: wir können sie niemals abschütteln. Sie lebt in uns, mit uns, von uns – wie auch umgekehrt. Und Weihnachten ist ihr großes Fest, das Fest der Geburt – wer auch immer dieses Kind sei: Jahrkind, Lebenskind oder Götterkind!

Luzia – Holle – Perchta – mag wohl als „Erdgöttin" angesprochen werden; wie die griechische Gäa stammt Huldr ja auch von den Riesen ab und ist damit älter als die Götter. Aber so einfach ist die Sache nicht: Der Begriff „Erdgöttin" wäre für Luzia – Holle – Perchta tatsächlich nicht umfassend genug; wir kommen ihrem Wesen mit dem alten Begriff „Große Mutter" da schon näher: Einerseits beinhaltet dieser Begriff Züge der „Mütter" aus Goethes „Faust", insofern sie mit einem Teil ihres Wesens die Summe der Urbilder aller Dinge und der noch schlummernden Ideen darstellt, die allen Erscheinungen zu Grunde liegen. Doch sie ist ja noch weitaus mehr! Ihr weißes Gewand (Schnee, Weltall, Reinheit, Licht, Sonne), ihr blauer Mantel (Himmel, Weite), ihr Sternen- und Mondschmuck an Krone, Diadem oder Gewand sprechen von kosmischer Größe, die sich im Irdischen nur tausendfach wesenhaft widerspiegelt und dabei wie „gebrochen" und verzerrt wird. So entsteht die Fülle ihrer Erscheinungen, aber auch die große Differenz zwischen ihren verschiedenen Spiegelbildern. Luzia – Holle – Perchta ist sowohl die „Stoffesmutter", die Spenderin der „Materie", als auch die dem Stoff zu Grunde liegende Himmelsweisheit, die „Sophia". –

An Gewässern wurde sie verehrt, weil diese das irdische Bild für das Leben sind. Andernorts wurde sie dem „Wilden Heer" zugeordnet, weil der Luftraum, weil Wind und Sturm Bilder für das Seelische sind. Und wo sie als Spinnerin auftritt, welche die Seelen zur Geburt leitet oder in der Altweiber- oder Altmänner-Mühle Junges alt und Altes jung mahlt, da stehen wir vor Bildern eines noch „höheren" Geistigen mit seinem Wirken an den Netzen der Schicksalszusammenhänge.

Waldminchen und die Altweibermühle[2]

Es war einmal ein kleines Mädchen, das war wohl sehr hübsch anzusehen, aber sein Herz war böse. Die Eltern hatten vom Morgen bis zum Abend ihre liebe Not mit ihm. Wie oft nahm die Mutter in ihrer Güte das Kind ins Gebet. Sie bat und warnte: „Lass sein, halt ein, du treibst es zu arg, Waldminchen kommt und holt dich noch weg!" Aber die Kleine schnippte alle Mahnungen nur in den Wind und lachte: „Die Alte mit der Rotznase soll mich mal kriegen!" Und es wurde nur ärger mit jedem Tag, bis das Maß seiner Bosheit überfloss.

An einem Abend trieb sich das schlimme Ding wieder mit den Gassenjungen herum. Die Nachtraben flogen schon über das Haus, aber es wollte die ängstlichen Rufe der Mutter nicht hören. Der Vater musste die Garstige erst selbst von der Straße holen. Zu Haus aber trotzte sie gegen die Suppe und stieß das Kümmchen vom Tisch. Da packte die Mutter das Kind ohne Abendessen ins Bett. Doch um Mitternacht wachte es auf vor Hunger und schrie nach der Suppe. Die Eltern wollten schlafen, denn sie waren müde vom fleißigen Tagwerk. Da zeterte die Kleine wie ein Waldschrat, und schließlich riss dem Vater die Geduld. Er stieß die Fensterläden auf und rief in die Nacht hinaus: „Waldminchen, Waldminchen, hol unser garstiges Mädchen!"

Er hatte dies wohl nur so in den Wind gerufen, um das Kind zu schrecken. Aber gleich hörten sie draußen Rumoren, als hätte Waldminchen schon darauf gelauert. Dann sprang die Türe auf, und die Waldfrau stob in die Stube. Zwei Häschen leuchteten mit Lichtern voran und zwei andere trugen ihre Schleppe. Da schrie das Kind wie am Spieß und kroch unter die Decke.

Doch Waldminchen riss die Bettdecke runter und rief:

„Eck, Schandfleck, Kinderschreck,
Musst von deiner Mutter weg!"

Da legten sich die armen Eltern ins Mittel und baten um Milde. Aber Waldminchen holte kurzerhand das zitternde Gör aus dem Bett, und schon schlug die Türe hinter ihr wieder ins Schloss.

Im Walde fauchte der Nachtwind durch ein feuchtes Erdloch. Dahinein brachte sie das missratene Mädchen, warf die Kleine auf faules Laub, und hier schlief das unnütze Ding vor Kummer und Hunger schließlich ein.

Als der Morgen grau durch die Felsspalte kroch, erwachte das Mädchen und hatte den Jammer nach seiner Mutter. Aber die liebe Mutter konnte nicht kommen. Da weinte sie in die frostigen Blätter und gedachte der vielen Bitten und Ermahnungen seiner Eltern. So fand denn Waldminchen das Kind in seiner Trostlosigkeit und sprach aus mitleidigem Herzen: „Wendest du deinen Sinn, so wendet sich dein Sein, folgst du auf den Blick, so darfst du zurück." Das Mädchen versprach bei allen Sternen, nun artig zu werden.

Dann kamen Waldminchens Dienerinnen und führten es auf die große Wiese hinter dem Haus, das da weit hinten in der Höhle stand. Sie wuschen ihm im Silberbrunnen die Äuglein blank. Nun konnte es auch die vielen kleinen Kinder unter den Blumen erkennen. Die tanzten allda so zierlich, und sie durfte mit ihnen spielen. Zur Mittagsstunde kamen die Dienerinnen mit goldenen Schüsseln und silbernen Krügen. Da gab es Milchbrei und Honigtau alle Tage. So ging das holde Kinderspiel nun eine ganze Weile, und das Mädchen war mit Lust und Liebe dabei. Aber plötzlich erhob sich die alte Unart wieder. Es puffte die Mädchen, es knuffte die Knaben und verdarb jedes Spiel. Die Kleinen erschraken und klagten Waldminchen ihren verlorenen Frieden. Und die Waldfrau fauchte den Störenfried so heftig an, dass unser Mädchen schnell wieder Versöhnung suchte. Doch dauerte das nur seine Zeit. Dann benahm es sich garstiger als je zuvor. Da erhob sich die Waldfrau in ihrer ganzen, erhabenen Schrecklichkeit, vertrat dem Mädchen den Weg und sprach: „Wart, räudiges Schaf, jetzt wirst du in der Wolle gefärbt!" Und sie nahm die Schreiende auf den Arm und trug sie zum Walde. Die Kleine sperrte sich mit Händen und Füßen, aber Waldminchen hielt sie fest wie im Schraubstock. Immer dunkler drohte der Forst, immer unheimlicher rauschte das Gebüsch. Giftkräuter stanken aus dem Morast. Der Schuhu schrie und die Unke quarrte dazu. Dornen zerschlissen des Kindes Kleid und zerrissen seine weiße Haut bis aufs Blut. Endlich hörten sie ferne Wasser tosen und sahen im Grund eine mächtige Mühle. Das war Waldminchens Altweibermühle. Ohne Federlesens warfen zwei Mahlknechte das Kind auf ein Mühlrad und riefen:

„Die Mühle malt,
Was jung war wird alt!"

Und schrumm drehte sich die Mühle mit ihm herum, immer schneller, und ehe das Mädchen sich recht besann, war es in der Umfahrt schon ein Jahr älter geworden, und dann noch ein Jahr und so zu und so zu, bei jeder Umdrehung wurde es älter. Das Mädchen schrie und bat, aber es half alles nichts, die Mühle zermahlte es zu einem steinalten Mütterchen. Das fiel schließlich erschöpft und stöhnend zu Boden.

Waldminchen kümmerte sich nicht um sie, sondern ging zum anderen Ufer des Wassers. Da klapperten eine Weibermühle und eine Männermühle. Und als sie zu der ersten kam, sagte sie zu den beiden Männern, die da standen:

„Was jung war, wird alt,
Was alt war, wird jung."

Die warfen sie in den Mahlkasten und bald kam sie als schöne Jungfrau wieder hervor. Das unartige Mädchen aber hatte sich um Jugend und Schönheit gebracht, es war alt geworden, ohne gelebt zu haben. Da überkam es eine tiefe Reue. Es wollte alles wieder gut machen, Liebe geben, helfen, wirken, schaffen. Aber die Arme fielen ihm welk und kraftlos herab. Nur Tränen der Reue vermochte sie noch zu weinen. Dann bat sie mit zahnlosem Mund: „Strenge Mutter! Ich habe mich vergangen, und ich weiß, dass ich nicht wert bin, Jugend und Gesundheit zu genießen. Aber ich kann nicht sterben ohne Vergebung. Lass mich noch einmal zu meinen Eltern. Vielleicht werden sie mir alles Herzeleid verzeihen." Waldminchen saß im Glanze und wiegte den Kopf, befand, es sei der Strafe genug und sprach: „Nun hast du im Mühlrad das Schicksal erfahren. Jetzt mag es genug sein." Dann winkte sie den Mahlknechten und sprach:

Da warfen die beiden das welke Mütterchen in den Mahlkasten der Weibermühle, und alsbald kam sie verjüngt als schönes Mädchen wieder zum Vorschein.

Da lebte die Jungfrau im Wirbel der Speichen ihr Leben zurück. Und weil ihr Herz nun im Feuer der Läuterung gewesen, strahlte sie so hilfreiche Güte aus, dass sie sich selber im Wasserspiegel nicht wieder erkannte. Als sie ihre Augen aufhob, sah sie einen gebückten Greis. Der kam aus der Tiefe des Waldes, blickte beide mit müder Trauer an und sprach: „Ihr anmutigen Frauen, wie erinnert ihr mich an meine Jugend. Nun bin ich schon viele Jahre gewandert und habe die halbe Welt nach meiner verlorenen Tochter durchfahren. Aber keiner konnte mir sagen, wo ich sie finden könnte. Und wenn ihr es auch nicht wisst, so will ich hier mich im Walde verkriechen und sterben.“

Jetzt erkannte die Jungfrau ihren Vater, der vor lauter Kummer so alt geworden war, fiel ihm um den Hals und gab sich unter Tränen zu erkennen. Sie schluchzten und lachten und erzählten sich alles und noch einmal und waren traurig und glücklich in eins. Da erbarmte sich Waldminchen des Vaters, führte ihn seitab an das tosende Wasser, wo die Altmännermühle stand. Zwei Weiblein warfen ihn in den Mahlkasten, und schrumm ging das Mühlrad mit ihm herum nach dem Jungspruch und glücklich verjüngt stand er wieder vor seiner Tochter. Die Zeit war den beiden rätselhaft vor- und zurückgegangen. Und Waldminchen zeigte ihnen den Ausweg aus diesem wilden Waldtal. Denn das Mädchen hatte nur einen Wunsch, die Mutter zu finden, der sie voreinst solchen Harm bereitet hatte. Und ihre Sehnsucht wuchs, je näher sie an das Häuschen kamen, wo sie sich beinahe blind geweint hatte um ihr verlorenes Kind. Reuevoll sank sie zu ihren Füßen nieder und bat um Vergebung. Da sagte die Mutter: „Das ist der schönste Tag meines Lebens, weil meine Gebete erhört worden sind und ich mein Kind wieder habe. Nun soll alles gut sein.“ Und vor Freude wurde die Mutter wieder jung wie eine Taube, auch ohne Waldminchens Altweibermühle. Denn ein Mutterherz gibt es nur einmal, wie die Sonne unter den kühleren Sternen.

Die germanische Weihnacht – das Julfest

Weihnachten, das christliche Fest, das **um das Jahr 354 n. Chr.** von den Kirchenvätern **auf den 25. Dezember** gelegt wurde, sollte seine Schönheit, Kraft und Weihe vom Julfest erhalten, dem großen Winter-Sonnwend-Fest, das vormals der Höhepunkt des Jahreskreises und seiner Feste gewesen war.

Während der indo-germanischen Völkerwanderung ab 2 000 v. Chr. drangen die jungen Eroberer in die Lebensräume der älteren ansässigen Völker ein. Deren noch matrilinear orientierte Kulturen wurden dabei vernichtet. Neue Götter hielten in den Ländern der Göttin Einzug. Es waren Götter, die den Bedürfnissen der Einwanderer entsprachen. Wo zuvor die Große Mutter für alle Belange menschlichen Lebens und menschlicher Entwicklung Sorge getragen hatte, traten ihr nun Götter zur Seite, die jene überquellenden Mutkräfte und den stürmischen Eroberungsdrang der neuen Herren förderten und stärkten. So bezog bei den Germanen eine dynamische, recht eigenwillige und kriegerische Schar den Götterhimmel. Deren wildester und weisester Genosse, Odhin-Wotan, bestieg den Thron.

Den veränderten Entwicklungsgegebenheiten der Menschen und der neueren Zeit entsprechend, übernahm Odhin die Verantwortung für einen Teil der Toten: die im Kampf Gefallenen. Da das alte Winterfest zu Ehren der Großen Mutter und deren Welt der Lebenskräfte um die Wintersonnwende begangen wurde, erhielt nun auch Odhin als „Vater der Toten" seinen besonderen Platz darin. Aus dem alten Sonnwendfest wurde das junge Julfest. Allerdings würdigte man auch die Große Mutter noch, freilich unbewusst: als Mutter Erde, Jörd-Njörd, Odhins Gemahlin, genoss sie weiterhin hohes Ansehen. Im Julfest gruppierten sich um die Odhins-Bräuche auch solche zu Ehren Jörds. Ihr älterer Aspekt, Njörd, ist uns als „Nerthus" in Tacitus' Beschreibung von den Bräuchen der Germanen schon begegnet.

Um die anderen Toten kümmerten sich auf unterschiedliche Weise Freya und Hel, neben Mutter Jörd die beiden anderen Wesensseiten der nun geächteten Großen-Mutter-Göttin!

Jul / Yul

Das der Weihnacht geschichtlich vorausgehende Fest war also das germanische Jul- oder Yulfest. Es bestand aus verschiedenen Elementen, die unterschiedlich bedeutsam waren. Einige von ihnen werden in den folgenden Kapiteln kurz betrachtet:

1.)   Die Sonne

2.)   Das Feuer

3.)   Der Julblock (Mettenbrocken) oder Lebensbaum

4.)   Die Götterwelt – Umzüge und Läufe

5.)   Das Totengedenken

6.)   Der Schicksalsspruch und die Zukunftsbefragung[40]

1. Die Sonne

Yul oder Jul heißt das Rad, auch: júl-jól–geól–hveól–yule–hvel–wheel. Das Rad ist ein altes Symbol für die Sonne und ihren Lauf um die Erde. Das vierspeichige Rad deutet auf die:

1. vier Jahreszeiten

2. vier Elemente: Erde, Wasser, Luft, Feuer

3. vier Himmelsrichtungen

4. vier Naturreiche: Stein, Pflanze, Tier, Mensch

5. vier Tageszeiten: Morgen, Tag, Abend, Nacht

6. vier Schwellen-Zeiten: Morgen, Mittag, Abend, Mitternacht

7. vier Sonnenfeste: Frühlings- und Herbst-Tag- und Nacht-Gleiche, Sommer- und Winter-Sonnwende.

Der Kreislauf des Jahres, das große Doppelrad von Mond und Sonne, schloss sich vor und während der Julzeit: das Mondjahr in der Mutternacht, das Sonnenjahr dreizehn Nächte später. Dann hob ein neuer Kreislauf an. Die dreizehn Nächte zwischen vollendetem Mond- und Sonnenumlauf waren Schwellen-Zeit, eine Zeit des Übergangs und Pendelns zwischen Wirklichkeit und Traum, diesseitiger und jenseitiger Erfahrung, zwischen Alltagswelt und Anderswelt. Ausdruck dafür war,

- dass man während der „Zwölften" die Sprache der Tiere verstehe,

- dass es allgemein nicht mit rechten Dingen zugehe,

- dass die Träume prophetische Bedeutung erhielten,

- dass das Wetter der Zwölfen ein Abbild des Wetters der Monate des kommenden Jahres sei und

- dass in dieser Zeit die Zukunft durch magische Praktiken erfahren werden könne.

Während die Sonne auf Erden überall die Vierheit des Lebendigen hervorbringt, zeichnet sie an den Himmel den Kreis. Diesem wohnt das

Gesetz des Kosmos inne, die Sechsheit: Sechs Radien umspannen das periphere Rund; sechs-strahlig ist der Schneekristall geordnet. Alles hat eine offenbare und eine verborgene Seite. Die offenbare Seite der Sonne ist der Kreis oder die Scheibe; die verborgene die Sechsheit, die im Kreise wirkt.

Der Hagal-Rune des Fudark (einer Art Runen–Alphabet) ist der Sechsstern eingeschrieben:

Sie war das Zeichen Odhins, des Göttervaters der Asen. Der Sonnenwagen von Trundholm, ein Fund aus germanischer Zeit, stand auf sechs vierspeichigen Rädern. Viele alte Bräuche zum Fest der Winter-Sonnwende bedienten sich des Kreises oder der Scheibe: beim Scheibenschlagen wurden glimmende oder brennende Scheiben in die Nacht hinaus geschleudert; beim Räderlauf ließ man brennende Reifen und Räder von den Bergen zu Tal rollen. Bei Prozessionen, Reigen und Tänzen wurden Kreisformen gelaufen oder getanzt. Auch die alten kreisförmigen Schwerttänze sind Sonnentänze.

Der Stand der Sonne im Jahreslauf wurde der Volksmenge von den Priestern kundgetan.

Die nordischen oder Wikinger-Runen (Fudark)

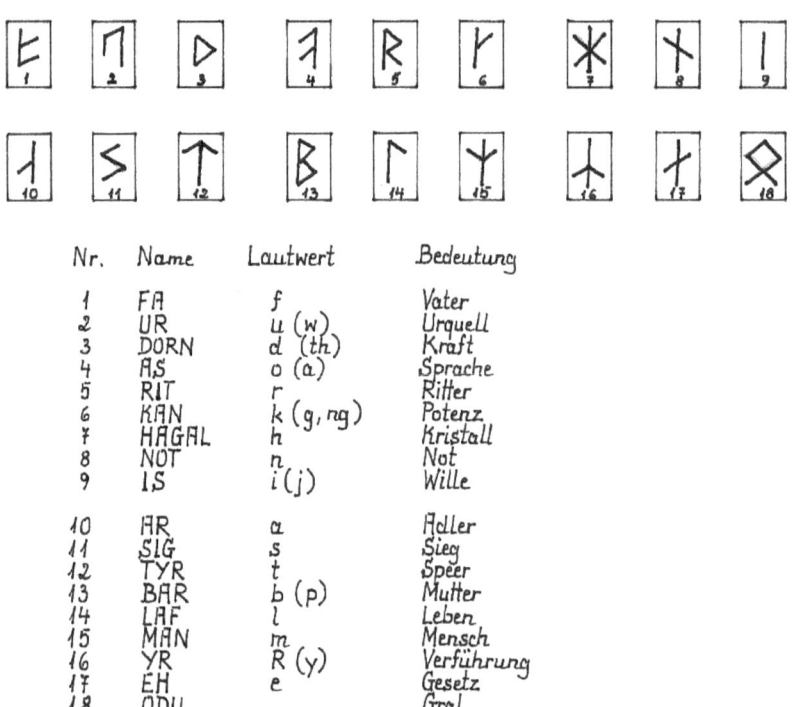

Nr.	Name	Lautwert	Bedeutung
1	FA	f	Vater
2	UR	u (w)	Urquell
3	DORN	d (th)	Kraft
4	AS	o (a)	Sprache
5	RIT	r	Ritter
6	KAN	k (g, ng)	Potenz
7	HAGAL	h	Kristall
8	NOT	n	Not
9	IS	i (j)	Wille
10	AR	a	Adler
11	SIG	s	Sieg
12	TYR	t	Speer
13	BAR	b (p)	Mutter
14	LAF	l	Leben
15	MAN	m	Mensch
16	YR	R (y)	Verführung
17	EH	e	Gesetz
18	ODIL		Gral

2. Das Feuer

Schon das Scheibenschlagen und die Räderläufe weisen auf jenes Element hin, das neben der Kreisform am engsten mit der Sonne assoziiert wird: das Feuer. Große Feuer wurden mit Beginn des Julfests überall auf den Höhen entzündet und loderten himmelwärts. Altes, Abgelebtes und Abgelegtes wurde im heiligen Sonnenfeuer verbrannt: die

Kränze des Sommers, der Julblock, die Puppen der überwundenen Kinderzeit, die Sinnzeichen des alten Jahres und anderes. Darüber hinaus diente das Feuer zum Opfern: Gaben als Dank oder Bitte an die Götter wurden über die Flammen-Schwelle aus dieser Welt jener anderen übergeben. Das Feuer war Fenster und Tür zur Anderswelt.

Bevor der Julbrand entzündet wurde, löschte jedermann das Herdfeuer zu Hause. Damit gab man sich im Winter gleichsam dem Tode preis. Dunkel senkte sich über Höfe und Weiler. Am frisch entzündeten Julfeuer holte sich dann jeder Hof den neuen Brand und trug ihn zum eigenen Herd zurück. Damit war das Überleben der Winterszeit, wenigstens zum Teil, gewährleistet.

3. Der Julblock

Der Julblock oder das Julscheit, – in Bayern „Mettenbrocken" genannt, – war ein im Julfeuer des Vorjahres angekohlter Wurzelstubben, den man nun im Kamin oder Herd ganz verbrennen ließ. Er war aus der Wurzel einer Eiche oder Esche, seltener der Buche, des Weißdorns oder Wacholders gesägt. War er ganz verbrannt, wurde seine Asche über Felder, Obsthaine und Gärten gestreut und mehrte deren Fruchtbarkeit. Gleichzeitig wurde der neue Julblock zum Feuer gelegt, angekohlt und für das kommende Jahr aufbewahrt.

Zum einen war es das verborgene Himmelsfeuer im Block, das in der Asche als „Same" die Erde „befruchten" sollte. Es kam aus zwei Quellen: dem Sonnenfeuer, in dessen Licht und Wärme der Baum herangewachsen war – und dem Julfeuer im Herd, das als heilig galt und in direktem Zusammenhang mit der Geisterwelt stand. So kamen die Himmelskräfte Licht und Wärme zum Wasser und der Erde der Großen Mutter und zeugten in ihnen das Leben des kommenden Vegetationsjahrs.

Zum andern wurde mit dem Wurzelstubben der Blick auf die Bäume gerichtet, von welchen der Julblock stammt. Bäume galten dem Menschen der Vorzeit als heilig – von ihnen kam „Heil" – Heilung und Helle zugleich. Vom Brennholz und Kienspan über das Baumaterial für Häuser, Möbel, Gerät, Geschirr, Werkzeug, Instrumente, Kultgegenstände und Kunstwerke bis hin zu Nahrungs- und Heilmitteln aus Rinde, Blatt, Blüte, Frucht und Same schenkten sie dem Menschen Jahr für Jahr die eigene lebendige Substanz. Sie waren aber auch Träger des unvergänglichen Lebens, wovon ihre „Auferstehung" nach dem Winter-„Tod" Zeugnis ablegte. Daher dienten ihre Zweige, Zapfen und Früchte als Schmuck bei allen Festen und Feiern, die mit Leben, Erneuerung und Fruchtbarkeit zu tun hatten. Vor dem Julfest wurden am und im Walde Zweige geschnitten und im Hause aufgehängt, gestreut oder zum Räuchern verbrannt: „From the forest bring the boughs of fir and spruce and pine! Bring them home, bedeck the house for now it`s Adventtime", heißt es noch in christlicher Zeit in einem Adventslied. Auch die Haselruten zu St. Nikolaus und zu den „Klöpfertagen" (den letzten drei Donnerstagen vor Weihnachten) dienten als Festrequisiten ganz anderen Zwecken als dem Strafen oder dem lustigen Schabernack. Denn das „Geschlagen-" oder „Gepfitztwerden" vermittelte jene Kräfte der Gesundheit und Fruchtbarkeit, welche die Haselnuss als Heilmittel eben zu bieten hat; Kräfte, die Verhärtendes auflösen und den verhärtenden Winterkräften entgegenwirken. Dass der Julklotz auch noch aus einer Wurzel besteht, ist wie ein weiteres Wahrbild: Wie die verhärtenden Kräfte, die an der Wurzel (dem Kopfpol des Baumes) Gestalt angenommen haben, durch Opfer und Hingabe ihrer Substanz die Fruchtbarkeit der Felder fördern, so sollen auch die verhärtenden Kopfkräfte des Intellekt die Geistesfelder der Menschheit düngen, indem sie die Sonnenkräfte des Jul in sich aufnehmen, die Erlösung und Erneuerung spenden.

Die Bäume erschienen dem Menschen wie ein Bild seines Selbst. Zwei Bäume – Askr und Embla – waren ja auch das erste Menschenpaar gewesen, vergleichbar Adam und Eva. Der ganze Kosmos unserer germanischen Vorfahren ist ein gewaltiger kosmischer Baum, die Weltenesche Yggdrasil. Ihr Name bedeutet „der Schreckensträger".

4. Die Götter

Schaut man auf die Mythologien, die hinter unseren heutigen Jahresfesten stehen, so hat man es mit einem Konglomerat unterschiedlicher Weltbilder aus verschiedenen Zeiten und von verschiedenen Völkern zu tun. Das macht die Festbräuche so vielschichtig und verwirrend. Je nachdem, welche Schicht wir ins Auge fassen, fallen Details auf, die nicht zu den übrigen Bräuchen passen oder in deren Rahmen eigenartig wirken. Aus ältester Zeit ragen die Überbleibsel des Kultes der Großen Mutter herein, zum einen als „direkte" Überlieferung, zum anderen auf dem Weg über spätere Kulturen, die Elemente des Mutterkults adoptiert haben. Auf den direkten Weg gründen sich Orts- und Zeitbegriffe, sowie manche Bräuche. Da finden sich Ortsnamen wie Betenbrunn oder Baitenhausen, Kalendernamen wie Mutternacht (regional auch Hollennacht genannt am 24./25. Dezember; heute liegt die Hollennacht auf dem 28. Dezember), „Perchtennacht" (5./6. Januar), sodann Bräuche wie die Perchtenläufe, Umzüge (heute: Prozessionen), das Julscheit und anderes.

In den europäischen Mythologien finden sich oft Namen oder Verweise, die auf Älteres deuten. In der germanischen Mythologie betrifft das die drei Nornen, aber auch Jörd / Njörd mit ihren Töchtern Ostara und Freya. In der keltischen Mythologie ist es die Dreieinigkeit von Rhiannon, Modron und Morrigan und natürlich Dana mit dem „Kessel der Fülle". In der griechischen Mythologie fällt diesbezüglich Gaia oder Gäa auf.

Auf dem Umweg über die germanische Kultur gewinnen wir einige grundlegende Kenntnisse über die Mutter-Göttin. Sie tritt dort, z.T. „vermännlicht" (wie könnte auch eine Frau über Männer oder eine Göttin über Götter herrschen!), im Zusammenhang mit dem alten Göttergeschlecht der Wanen auf als Njörd; in der romanisierten Form Nerthus oder als Herta beschreibt sie der Römer Tacitus als eine „Fruchtbarkeitsgöttin" der Germanen.

Nerthus weist uns auf Njörd, den Wanengott, der mit Jörd in Geschwisterehe lebt. Njörd ist der Gott der Meeresstille, des besonnten, stillen Meeres; ein Gott der Fruchtbarkeit, der Bewahrer der Lebens- und Reproduktionskräfte. Als Geisel bringt er auch seine Kinder Freyr und Freya zu den Asen mit. Die Riesin Skadi war deren Mutter oder Stiefmutter. Freyr ist der Gott, der Regen und Sonnenschein spendet, Erntesegen gewährt und die Saaten schützt. Freya ist die Göttin der geschlechtlichen Liebe. Njörd – Jörd sind zwei Aspekte ein und desselben Wesens, wobei Njörd das alte Wasserwesen Erde repräsentiert, Jörd dagegen die schon fest gewordene Erde.

Odhin – der Göttervater der Asen – zeugte mit Jörd den Gott Thor, der ein Fruchtbarkeitsgott ist und Blitz und Donner verwaltet. Er wurde aber ebenso im Pulsschlag des Blutes erlebt.

Jörd ist auch die Mutter Ostaras, jener Frühlingsgöttin, zu deren Ehren das große Frühlings- und Fruchtbarkeitsfest gefeiert wurde.

Die Große Mutter, ist also Mutter Erde, wie sie sich im Jahreslauf den Sinnen darbietet. Ihr Kult ist uralt und bleibt doch ewig jung. Fruchtbarkeitsriten wurden ihr zu Ehren von der Wintersonnwende an geübt und gipfelten im großen Frühlingsfest Ostaras, die gewissermaßen den Frühlingsaspekt Jörds darstellt. Ostaras Fruchtbarkeitsattribute waren das Ei und der Hase. Beide fanden den Weg in unser christliches Ostern. Auch der Name des Festes stammt von der Göttin her. Im Zusammenhang mit den erwähnten Fruchtbarkeitsriten gewinnt das Berühren oder „Pfitzen" mit Ruten, wie es noch immer Brauch in einigen Gegenden ist, eine andere, eher erotische Bedeutung; schließlich waren es die jungen unverheirateten Burschen, welche die Mädchen am Brunnen mit Haselzweigen schlugen oder mit „Lebenswasser" nass spritzten. Solchen heute recht gemäßigten Bräuchen gingen, in früherer Zeit, orgiastische Feste voraus, bei welchen körperliche Vereinigungen – anfangs wohl sogar wahllos, später bewusster und dann gezielter – vollzogen wurden und auch Priester und Priesterin oder Fürst und Fürstin stellvertretend für Himmel und Erde die rituelle Vereinigung öffentlich vollzogen. Das geschah zu einer Zeit, als die geschlechtliche Lust wohl noch nicht so individuell und am eigenen Leibe erlebt wurde, wohl aber die zu zeugende Individualität und ihr „Nahen". Auch war ja der Zusammenhang zwischen Vereinigung und Zeugung lange Zeit noch unbekannt. Das Rutenschlagen und Bespritzen zwischen Neujahr und Fastnacht blieb in einigen Gegenden Deutschlands bis Anfang des letzten Jahrhunderts gern und emsig geübter Brauch. Heute ist es regional noch vereinzelt üblich, während der Fastnachtszeit dem Ehepartner alle „Seitensprünge" nachzusehen; auch das ist ein Relikt alten Brauchtums.

Andere Fruchtbarkeits-Symbole, denen wir von den Dunkelnächten an, also ab 13. Dezember, begegnen, sind Huhn und Hahn[1]: z.B. Frau Holles „Goldhähnchen" oder dem Hahn auf dem friesischen Weihnachtsbogen; des weiteren Schwein und Eber[2]: dem Schwein z. B. als „Glücksbringer" an Neujahr; sodann Ziege und Bock[3]: dem Julbock in Schweden – und noch auftauchen.

Ein wichtiger Bestandteil des Fruchtbarkeitskults waren die kreisförmigen Umzüge, die um Gehöfte und Weiler vollzogen wurden. Derartige Bräuche erwähnt auch Tacitus im Zusammenhang mit der Fruchtbarkeitsgöttin Nerthus. Später wurde dabei auf Feldern, in Gärten und Obsthainen die Julscheit-Asche verteilt.

Im skandinavischen und im englischen Brauch des „Minne-" und des „Wassail-Trinkens" treten uns sodann alte Mysterienbräuche des Odhinskults entgegen: Das „Wassail" ist das skandinavische „Ves Heill", der Glücks- oder Segenswunsch: „Möge Deine Gesundheit gut sein!" Angelsächsisch „Was hal" heißt: „Mögest Du **ganz** (d.h. gesund und heil) bleiben!" Solchen Segen trank (und trinkt) man sich aus dem Wassail zu, einem besonderen Becher – gewissermaßen dem keltischen „Kessel der Fülle". Aus diesem „Kessel der Fülle" wurde im geschichtlichen Niedergang der keltischen Kultur die Gralsschale (s. „Parzival", Wolfram v. Eschenbach). Eine weniger beachtete Metamorphose des

---

[1] S. Vidofnir auf dem Weltenbaum Mimameidr im Fjölsvinnsmâl!
[2] S. Freyrs Gullinborsti!
[3] S. Thors Böcke

Grals ist der Abendmahlsbecher späterer kirchlicher Bräuche mit dem Wein darin. Wir können jenen „Kessel" aber auch noch einen Schritt weiter zurückverfolgen, noch vor die keltische Zeit. Aus der Zeit des Mütterkults gibt es da einige sprechende Bilder. Sie legen nahe, dass der „Kessel der Fülle" identisch mit dem Menschenleib erlebt wurde, vor allem mit den Geschlechts- und Gebärorganen der Frau, worin sich die Fülle der Lebenskräfte besonders deutlich manifestiert: Die Frau selbst kann als solch heiliges „Gefäß" betrachtet werden, welches der Schöpfung und Erneuerung des menschlichen Lebens dient, eine „Schale", die alles spendet, „was das Herz begehrt". Sie ist dabei Abbild und gleichzeitig Tochter und Schwester der Muttergottheit selbst.

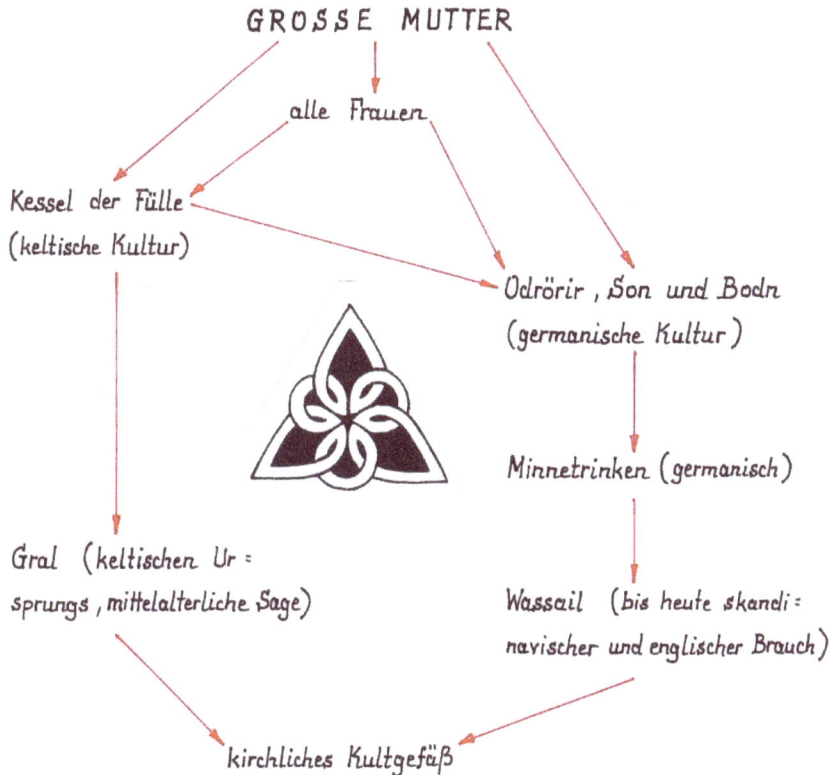

GROSSE MUTTER

alle Frauen

Kessel der Fülle
(keltische Kultur)

Odrörir, Son und Bodn
(germanische Kultur)

Minnetrinken (germanisch)

Gral (keltischen Ur=
sprungs, mittelalterliche Sage)

Wassail (bis heute skandi=
navischer und englischer Brauch)

kirchliches Kultgefäß

Aus germanischer Zeit stammt auch der Jul-Brauch des „Gottesfrie-dens": Alle Fehden hatten in dieser Zeit zu ruhen. Selbst die Jagd war nur eingeschränkt und zur Nahrungsbeschaffung erlaubt.

Länger als das Gedenken an die Götterwelt hielten sich Bräuche und Sprüche, welche die „kleinen Helfer" der Götter betrafen: die Zwerge (Gnomen), Nixen (Undinen), Elfen (Sylphen) und Feuergeister, (Sala-mander). So wie es bis zu Beginn des vorigen Jahrhunderts regional ge-übter Brauch war, den Perchten am Abend des 5. Januar drei Gedecke mit Brot, Salz und Wein hinzustellen, so serviert man in Gegenden Schwedens gelegentlich heute noch dem Weihnachtskobold, dem „Yul-

Nisse", ein Schüsselchen Brei und etwas Milch. Auch in Deutschland wurde der „Hausgeister" noch bis ins 19. Jahrhundert hinein gedacht und erst mit den Weltkriegen erloschen die Reste solcher Bräuche. Wesen wie der „Butzemann", die „Roggenmuhme", der „Speicherpuck", der „Klabautermann", das „bucklichte Männlein", das „Männlein mittentzwei" und andere sind heute nicht einmal mehr den Kindern ein Begriff, obgleich noch Kinderlieder und Sprüche, sowie Geschichten und Märchen über sie existieren:

Es tanzt ein Bi-Ba-Butzemann in userm Haus herum.
Er rüttelt sich und schüttelt sich und wirft sein Säcklein hinter sich…
Tuck, tuck, tuck, - Speicherspuck!
Treib Ratten aus
Jag Mäus hinaus
Die Motten schnapp
Feg Spinnweb ab. [1]

Als bleibende Zeugen der Vergangenheit erweisen sich alle jene Gestalten, die an den Wänden alter Kirchen in Stein gehauen sind. Da finden sich neben Bildnissen Odhins, Thors und Freyrs aus der germanischen auch solche aus der älteren keltischen Kultur. Letztere sind aber schwerer einzuordnen, weil uns der keltische Götterhimmel noch fremder geworden ist als der germanische.

5. Das Totengedenken

In den Bräuchen der Odhins- oder Wotans-Verehrung berühren und durchdringen sich Gottesdienst, Totengedenken und Ahnenkult.

Am ersten Jul-Abend wurde Odhin zu Ehren „Minne" getrunken. Der Hausherr erhob den besonderen Becher mit Met oder Jul-Bier und sprach: „Ich trinke auf das Gedenken der Toten." Dann gedachte er in gleicher Weise der Götter, deren „Genossen" die Toten ja nun waren, und zuletzt der geschätzten Anwesenden, der Blutsverwandten, der Gesippen, der Gefolgsleute und der Freunde. So kreisten Trinkschale, Becher oder Pokal unter den zur Feier Versammelten. Das Minnetrinken war jedoch mehr als reines Gedenken, es war ein Sich-Weihen, ein Treuegelöbnis, ein Sich-Öffnen und Sich-Verbinden mit der Welt der Toten, die ja die Welt der wahrhaft Lebenden, die Welt der Götter, der Lebenskräfte, der Fruchtbarkeit, der ewigen Jugend ist. So wie man die Ahnen als Gäste bei den Göttern wusste, so war es selbstverständlich, dass aus ihrer Schar zur Julzeit viele über die Erde hin schweiften, die im kommenden Jahr wieder Mensch zu werden gedachten. Es lebte die Anschauung: Die Toten leben unter uns; sie sollen im Haus Ehrenplätze und bei Tisch Speis und Trank erhalten. So wurden zu diesem Fest der Winter-Todeskräfte, des sich regenden Vor-Vor-Frühlings-Lebens und der Wiedergeburt der Sonne große kultische Festmahle veranstaltet, und es überschnitten sich Totenkult und Fruchtbarkeitsriten. Das Totenfest war ein Lebensfest. Der dritte Aspekt der Großen Mutter – die zauberkundige Alte – verwaltet das Mysterium der Wiedergeburt. Wie das Licht neu geboren wird, so auch das Leben auf Erden. Die Welt des Nachtodlichen ist dieselbe, wie die des Vorgeburtlichen, sie ist das keltische „Tir-nan-Og" – das „Land der ewigen Jugend".

6. Schicksalsspruch und Zukunftsbefragung

Indem sich die Tore zu jener anderen Welt der Götter, der Toten und der Lebenskräfte öffnen, wird der Mensch heraus gehoben aus biographischer Identität, Raum und Zeit. Bilder treten an die Stelle des bisherigen Erlebens und die Zeit steht still. Vergangenheit und Zukunft gleiten ineinander. Sühne wird als Folge von Schuld erlebt, Vergangenes im Lichte künftiger Taten erkannt. Es ist die Schwellen-Zeit, die aus dem gewöhnlichen Raum- und Zeiterleben hinaus führt und völlig neue Über- und Einblicke eröffnet. Daher pflegte man gegen Ende des Herbstes immer wieder besondere Bräuche der Schicksals- und Zukunftsbefragung. Diese reichten vom sakralen Werfen der Runenstäbe bis zum heute noch praktizierten, halb ernsten, halb spaßigen Wachs- und Bleigießen an Silvester, zum Flaschendrehen, Schuhwerfen, zu den

„Schwimmenden Lichtlein" oder den „Wünscheschiffchen" und anderen Orakeln, mit deren Hilfe die Zukunft erforscht werden sollte. Anhand des Wetters während der „Zwölften" glaubte man so auch das Wetter des kommenden Jahres erkennen zu können: Der 25. Dezember würde demzufolge das Januarwetter, der 26. Dezember das Februarwetter spiegeln und so fort bis zum 5. Januar und seiner „Offenbarung" des Dezemberwetters.

Mit Gottesdiensten, Opfern und Gebet, mit Fruchtbarkeitsriten, Totengedenken und Ahnenkult, mit Schicksals- und Zukunftsbefragungen, sowie ausgedehnten Festen mit Essen und Trinken in Hülle und Fülle, mit Heldenliedern und Sagen, Spiel, Tanz und Kurzweil – so steht die Julzeit der Vergangenheit vor uns als Inbegriff eines Festes, das Diesseitiges und Jenseitiges in Ehrfurcht, Freude und Lust miteinander verband. Und zwischen all diesen ereignisreichen Festtagen lagen die langen, wunderbaren Nächte mit ihren Geheimnissen, den bedeutungsschweren Träumen und ahnungsreichen Schwellen langer Dämmerungszeiten.

7.) Das Fest

Hier noch einmal die einzelnen Bestandteile des Julfestes im Überblick:

1.) Das Schmücken und Weihen von Haus und Hof mit Zweigen der Mistel, Stechpalme, Eibe und anderer Nadelhölzer.

2.) Das Löschen aller Herdfeuer.

3.) Das Entzünden des Julfeuers auf den Höhen.

4.) Das Verkünden des Sonnenstandes, der Sonnwende.

5.) Feueropfer, Gebet und Gesänge, Musik, Tänze in Kreisform und Festmahle zu Ehren der Götter, hauptsächlich zu Ehren Odhins.

6.) Das Entzünden des neuen Herdfeuers mit dem Julfeuerbrand.

7.) Das Verbrennen des alten und Ankohlen und Bewahren des neuen Julblocks. Das Verbrennen alter Kränze und Sinnzeichen.

8.) Das Sammeln, Aufbewahren und spätere Streuen der Julblock-Asche.

9.) Das Minnetrinken zum Totengedenken. Der Ahnenkult mit Heldensagen und Preisliedern zu Ehren der Vorfahren.

10.) Die Pflege der Naturreiche. Geschenke an die Naturgeister.

11.) Die Fruchtbarkeitsriten: Umzüge, Pfitzen und Schlagen mit Haselruten, Bespritzen mit Wasser, Streuen der Julblock-Asche, Windopfer auf den Äckern (Mehl). Hier hinein mischten sich etliche ältere Bräuche des Mutterkultes und der Wanen-Verehrung (Freyr-Freya): Rituelle Beischlafs- oder Zeugungszeremonien oder darauf Bezug nehmende Tänze.

12.) Zukunfts- und Schicksalsbefragungen mit Hilfe der Runen und anderer Hilfsmittel.

13.) Die Pflege der sozialen Zusammenhänge von Familie, Sippe, Gefolgschaftsbünden, Gau, Stamm und Volk bei Festmahlen, Trinkgelagen, Spielen, Kurzweil und Jagden. Geschenke an Freunde und Gefolgsleute.

Mutterkult, Jul und Christentum

Alle beschriebenen Elemente umfasste das germanische Julfest vor dem Erscheinen des Christentums. Als dieses zwischen dem 6. und 10. Jahrhundert über die Franken Einzug in andere germanische Völker hielt, stand es den alten Anschauungen feindlich gegenüber. Die christlichen Missionare versuchten, die heidnischen Bräuche auszurotten. Dies gelang ihnen nur unvollständig. Wo weder Jenseits-Versprechungen noch Verbote und Strafen die alten Gepflogenheiten zu unterdrücken vermochten, wurden diese und vieles mehr in das christliche Brauchtum übernommen, um es dabei zu „heiligen".

Es gab verschiedene Vorgehensweisen: Eine, die eine sanfte, allmähliche Gewöhnung an die neue Christenreligion postulierte und dabei heidnische Bräuche teilweise oder leicht verändert übernahm, und eine andere, die sich von einem radikalen Bruch mit der Vergangenheit mehr Erfolg versprach. Zur letzteren neigte z.B. der Bischof Remigius von Reims. Er gab dem Frankenkönig Chlodwig zu dessen Taufe an Weihnachten 496 das folgende Leitwort mit: „Beuge dein Haupt in Demut, stolzer Sugambrer, und verehre von jetzt an, was du bisher verbranntest, und verbrenne, was du bisher verehrtest".

Die sanfte, gemäßigte Haltung nahm demgegenüber Papst Gregor I., d. Gr. ein. In einem Brief um das Jahr 601 forderte er die Diener

Christi auf, die alten Heiligtümer zunächst zu bewahren, später aber Kirchen an deren Stelle zu bauen und die vorchristlichen Bräuche gegebenenfalls zu übernehmen:

„Und weil die Heiden bei ihren Götzenopfern viele Tiere zu schlachten pflegen, muss auch diese Sitte in irgendeine christliche Feierlichkeit für sie umgewandelt werden. Sie sollen sich also am Tage der Kirchweih oder am Gedächtnistage der heiligen Märtyrer, deren Reliquien bei ihren Kirchen niedergelegt werden, aus Baumzweigen Hütten um die ehemalige Götzenkirche bauen und sollen so den Festtag bei kirchlichem Mahle feiern. Sie sollen also dem Teufel keine Tieropfer mehr bringen, sondern sollen die Tiere zum Lobe Gottes zum Essen schlachten und dem Geber aller guten Gaben für ihre Sättigung danken; denn wenn ihnen einige äußerliche Freuden bleiben, werden sie umso aufgeschlossener für die inneren Freuden der Bekehrung sein. Den rohen Geistern auf einmal alles abzuschneiden, ist ohne Zweifel unmöglich, weil auch der, der auf die höchste Stufe steigen will, nur Schritt für Schritt, aber nicht durch Sprünge in die Höhe kommt.“

K. Bemmann schreibt dazu in „Der Glaube der Ahnen“ [9]

Auf diese Weise blieben viele Bräuche der germanischen Religion bis heute lebendig. Dies gilt vor allem für die Umzüge. So ähneln die Fronleichnamsprozessionen in manchen ländlichen Gegenden den Umzügen des germanischen Frühlingsfestes zu Ehren der Fruchtbarkeitsgötter bis in viele Einzelheiten. Heute wie damals bewegt sich ein feierlicher Zug durch die Feldmark, religiöse Lieder werden gesungen, Heiligenbilder (früher Götterbilder) umher getragen, ein Ochsengespann und festlich geschmückte Rinder werden mitgeführt. Dasselbe gilt für die Rosenmontagsumzüge, für die Umzüge zum Erntefest und für das dreimalige Umreiten der Kirche in vielen bayrischen Orten zu Ostern, Himmelfahrt, Pfingsten und Kirchweih. Selbst in unserer Sprache ist dieses Brauchtum noch erkennbar, denn noch heute ist «begehen» die übliche Bezeichnung für das Feiern eines Festes, und «begehen» besagt nichts anderes als «einen feierlichen Umzug halten».

Die „Götterdämmerung" der germanischen Mythologie, die schon weit vorangeschritten war, als das Christentum von Süden her zu den Germanen vordrang, wurde durch die neue Religion beschleunigt. Die Einführung der christlichen Lehre brachte aber nicht eine komplette Auflösung des alten Brauchtums mit sich, sondern ein Aufspalten, Zersetzen und Verschieben desselben. Die einzelnen Fest-Bestandteile lösten sich voneinander ab und verflachten: Die Totenbräuche wurden in den November vorgeschoben. Heute ist in katholischen Gegenden am Abend vor Allerheiligen (1. November) der Gang zum Friedhof üblich; die Gräber der Angehörigen werden geputzt, gerichtet und geschmückt. An Allerseelen (2. November) wird das Gedächtnis der verstorbenen Gläubigen gefeiert. Man betet für die „armen Seelen" und stellt am Grabe ein Licht auf. In früher christlicher Zeit wurde der Verstorbenen noch bei Tisch gedacht und für sie gedeckt, dazu auch Speisen oder Getreide auf deren Grab gelegt (und damit ein christliches Speiseopfer dargebracht). Weiterhin liegen im November der „Totensonntag" (24. November) und die „Totenwoche". – Zugleich beginnen auch die ersten Zukunftsbefragungen: Am Andreastag (30. November) wurden bis Anfang des vergangenen Jahrhunderts verschiedene Orakel bemüht, speziell das Apfelorakel [6]. Die Nacht vom 29. zum 30. November galt für die Zukunftsschau als besonders erfolgreich.

Zur selben Zeit wurden in einigen Landschaften Strümpfe vors Fenster gehängt, die am Morgen mit Äpfeln, Nüssen und Hefegebäck (dem „Andreaskranz") gefüllt waren. Die Prozessionen nahmen ebenfalls im November, an St. Martin (11. November), ihren Anfang; weitere folgten am Martertag des Hl. Clemens (23. November), in den „Klöpfel- oder Bosselnächten" (den Advents-Donnerstagen), am St. Nikolaustag (6. Dezember) und an Santa Luzia (13.Dezember). An jahreszeitlich besserer, weil „richtiger" Stelle, nämlich gegen das Frühjahr zu, fanden dann weitere Prozessionen statt, zu Mariä Lichtmess (2. Februar), an den „Schlenkeltagen" um Lichtmess herum und auf die Fastnacht zu. Doch sind letztere weder Bestandteil des Weihnachts-, noch des Osterfestes; sie tragen willkürliche Züge und entbehren der sie ursprünglich tragenden Idee.

Noch im letzten Jahrhundert setzten sich die Zukunftsbefragungen nach dem 30. November fort in der Thomasnacht (20. Dezember), erreichten ihren Höhepunkt an Silvester (31.Dezember) und verschwanden nach dem Dreikönigs-, bzw. Perchtentag (6. Januar).

Vom ehedem großen Julfeuer blieben nur noch die Kaminfeuer für das Julscheit in den nordischen Ländern und die kleinen Flämmchen der Kerzen an Adventskranz und an Weihnachtsbaum und Weihnachtsbogen übrig. Das letzte **große** Feuer, das es im christlichen Brauchtum noch lange gab, war das Johannifeuer am 24. Juni. Mit Ausnahme Schwedens ist ein Mittsommerfest bei anderen Völkern jedoch nicht Brauch.

Das Aufspalten, Verschieben und Unterdrücken der einzelnen Julbräuche hatte die Wirkung, dass dem Fest der Sinn gebende Inhalt und die tätige Brauchtumspflege genommen wurden. Dadurch wurde es ausgehöhlt, krankte und schwand dahin. Dies hatte aber auch für die dabei „siegreiche" christliche Weihnacht Folgen, denn die Grundlagen beider Feste hängen zusammen. Die „Götterdämmerung", welcher das Julfest letztlich zum Opfer fiel, raffte seither auch das Weihnachtsfest dahin. Was von ihm übrig ist, bedarf dringend der Sichtung, vor allem aber einer geistigen Erneuerung, Durchdringung und Pflege.

Das Widersprüchliche, das uns in der weihnachtlichen Tradition, in Sage, Spiel und Brauchtum entgegen tritt, soll noch einmal verdeutlicht werden: Wir unterscheiden da zwei gegenläufige Strömungen:

1. eine solche, worin Riten und Bräuche, von klarer Form getragen, auftreten, die aber am Absterben ist;

2. eine solche mit lebendigen Riten und Bräuchen von starker Dynamik, die aber formlos-chaotisch erscheinen und ohne Verbindung zu ihrem Ursprung sind.

Auf der einen Seite Bräuche die **leb-los**, auf der anderen Seite solche, die **sinn-los** geworden sind: Zu ersteren gehört das christliche Weihnachtsfest mit seinen heiligen Tagen; zu letzteren zählen alle jene Narren-, Vermummten- und „Heischezüge", die von Tanz, Rausch, Ekstase, von Necken, Reizen, Albern und Chaotisieren begleitet sind. Deren finden sich über die Advents- und Weihnachtszeit einige:

Schon am 30. November beginnt in mancher Gegend der Mummenschanz im Zusammenhang mit dem Erntedank; das Posseln als Relikt des Spinnstuben-Scherzens; ab 1. Dezember die „Klöpfel- oder Bosselnächte", in einigen Gegenden viermal, andernorts öfters – alles noch vor dem 24. Dezember; dazu alles das, was als Relikte der „Federmanndl-Mahlzeit" (dem Ende des Feder-Schleißens) noch dazu kam; in Schwaben das Umgehen des „Perzmärtels", andernorts das der „Berchtel", des „Hans Trapp" oder der „Klöckler"; am 6., 13, und 24. Dezember regionale Umzüge; desgleichen am 6. Januar und dann wieder im Februar bis zur Fastnacht.

Während die absterbende christliche Tradition den Zusammenhang mit ihrem Ursprung thematisch nie verlor, brodelt die andere Strömung vor Dynamik geradezu über und weiß doch nicht, woher sie stammt. Das hat einen gefährlichen Entfremdungseffekt zur Folge: Bräuche werden zum Selbstzweck oder fremden Zwecken dienstbar gemacht: dem Tourismus, der Umsatzsteigerung (z. B. von Alkohol) oder dem allgemeinen „Austoben niederer Triebe".

Besinnung

Die beschriebenen Bräuche und Riten weisen uns Heutige darauf hin, was für Maßnahmen zur Förderung eines tieferen Erlebens notwendig sind. Vereinfacht ausgedrückt lassen sich an der Weihnacht früherer Zeiten zwei Voraussetzungen herzhaften Feierns ablesen, ein **innerer** und ein **äußerer** Weg. Beide müssen ein Stück weit verfolgt werden. Wir Heutigen reduzieren den inneren Weg auf ein paar organisatorische Fragen der Festgestaltung, den äußeren auf die benötigten Vorräte. Das aber genügt nicht.

Der innere Weg ist zu intensivieren: Das Wiederholen, Zusammen-fassen und „Abschmecken" der Tatsachen um Mutter Erde, um die Jah-reszeiten, um Luzia – Holle – Perchta, um die Bilderwelt der Märchen, Sagen, Lieder und Gedichte, die zu einer „Wesensbegegnung" mit dem Geistigen der Welt verhelfen können. Die Wahl von Schwellen-Zeiten und -Orten, um den Geheimnissen der Natur näher zu rücken, damit Weihnachten, das Fest der Großen Mutter, uns wieder persönlich etwas angeht; damit die „Zwölften" wieder so lebendig, spannend, aufregend werden können, wie sie es einmal waren. Damit unser Blick sich wieder mit Liebe, Bewunderung und Ehrfurcht auf jene Wesen richte, die uns Geburt und Entwicklung erst ermöglichen: Mutter Erde und die Scha-ren ihrer Helfer.

Literaturverzeichnis

01. „Im engsten Ringe", Herta Ohling, Verl. für ganzheitl. Forschung und Kultur, Wobbenbüll 1981

02. „Frau Holle – Volksmärchen und Sagen", Karl Paetow, Husum 1986

03. „Eins und Alles", Heinz Ritter, Verl. Freies Geistesleben 1976

04. „Der Prinz von Annun", Nacherzählung des walisischen „Mabinogion", Claire French-Wieser, Tyrolia-Verl. 1979

05. „Dreizehn Nächte in Norge", Nacherzählung aus der „Heimskringla", Sammlung Thule, Bd. 14-16, Britta Verhagen, Grabert-Verl. 1991

06. „Das große Ravensburger Buch der Feste und Bräuche", Sybil Gräfin Schönfeldt, Otto Maier Verl., Ravensburg 1980

07. „Vom Geist des Nordens", Hans Mändl, Mellinger Verl. Stuttgart 1991

08. Runen-Tabelle, nordische oder Wikinger-Runen aus „Buch der Runen", Zoltan Szabo, Knaur, 1985

09. „Der Glaube der Ahnen", Klaus Bemmann, Phaidon, 1990

10. „Zauber des Feenreichs", Ted Andrews, Smaragd Verl., 1993

11. „Die Zivilisation der Göttin", Marija Gimbutas, Zweitausendeins, 1996

12. „Die Große Mutter", Erich Neumann, Walter-Verl., 1994

13. „Die Große Mutter in ihren Tieren", Buffie Johnson, Walter-Verl., 1990

14. „Die Schwestern der Venus", Joe J. Heydecker, Nymphenburger Verl., 1991

15. „Der Kult der Großen Mutter", Franz Baumer, Langen Müller, 1993

16. „Die Göttin und ihr Heros", Heide Göttner-Abendroth
Frauenoffensive, 1993

17. „Frau Holle – die gestürzte Göttin", Sonja Rüttner-Cova,
Hugendubel, 1998

18. „Die weise Frau", Ingrid Riedel, Walter-Verl., 1995

19. „Die Große Mutter", Helmuth M. Böttcher, Econ-Verl., 1968

20. „Hausbuch der Feste und Bräuche", Südwest, 1993

21. „Weihnachten", Paulus Cassel, VMA-Verl., 1862

22. „Wie's früher war zur Weihnachtszeit", VdN, 1997

23. „Weihnachten in alter und neuer Zeit", Adolf Spamer,
E. Diederichs Verl., 1937

24. „Aberglaube – Sitten – Feste Germanischer Völker",
Otto v. Reinsberg- Düringsfeld, Verl. A. Barsdorf, 1898

25. „Im Tanz der Elemente", Björn Ulbrich, Arun, 1995

26. „Eins sein mit Mutter Erde", Jutta Keller, Mosaik, 1999

27. „Mutter Erde", Albrecht Dieterich, ETG, 1905

28. „Die Göttin", Shahrukh Husain, Evergreen, 2001

29. „Lilith", Vera Zingsem, Klöpfer, Meyer & Co, 1999

30. „Das Luciafest", Monika v. Tigerström, Privatdruck, 1991

31. „Santa Lucia und die Lutzelfrau", Leopold Kretzenbacher,
Verl. R. Oldenbourg, 1959

32. „Rauhnächte", Sigrid Früh, Stendel, 1998

33. „Nordisch-germanische Mythologie als Mysteriengeschichte",
Ernst Uehli, Verl. R. Geering, 1926

34. „Deutsche Mythologie", Bd 1, 2, 3, Jakob Grimm,
Drei Lilien, 1968

35. „Ältere und jüngere Edda", Eugen Diederichs Verl., 1925 / 1963

36. „Der Kult der drei Jungfrauen", Erni Kutter, Books on Demand, Norderstedt 1996 (?)

Dazu einige hundert Bücher: Weihnachtsgeschichten und Brauchtum aus verschiedenen Landesteilen, Märchen, Legenden, Sagen und Sagen über Naturgeister.

Anhang

Die erste Weihnachtsfeier

(24. – 30. Dezember)

Vorab: Das **„Festprogramm"** ist jedermanns eigene Sache, auch die Frage, wie streng man sich bei den Weihnachtsfeiern daran hält. Es sollte aus einer „bekömmlichen" Mischung verschiedener Elemente bestehen, die nach eigenem Geschmack zusammengestellt sind: **Lieder,** im Wechsel mit **Gedichten, Sprüchen,** dem „**Tanz** um den Baum" (oder vor demselben), einer **Weihnachtsgeschichte, Rätseln, Gesprächen, Umzügen,** einer vorbereiteten **Mahlzeit** und, unbedingt, einem **eigenen Beitrag.** Das kann ein gemeinsames Theaterstückchen sein, ein eigenes Gedicht oder ein kleiner Vortrag. Dadurch sind die Feiern erfüllt und doch locker gestaltet. Dieses erste Festprogramm gilt für die sieben Tage vom 24.12. bis einschließlich 30.12. Es empfiehlt sich, die **Bescherung** nicht auf den 24.12. sondern auf den 25. zu legen, um den Abend nicht zu überladen; desgleichen das Reichen der ersten **Weihnachtsplätzchen,** deren Genuss sonst durch das vorherige Weihnachtsmahl sehr geschmälert würde. Und am 25.12. überbrücken die Plätzchen mühelos den Abend, der nach einem etwas gekürzten Programm ohnehin mit dem **Auspacken der Geschenke** angefüllt sein wird. Da kann man dann hinterher auch noch eine kleine Mahlzeit in einem anderen Raum anbieten. Zu den Geschenken: Man sollte es sich nicht nehmen lassen, die Geschenke der Festteilnehmer hintereinander auspacken zu lassen, nicht gleichzeitig! Das beschert den Gaben die Aufmerksamkeit, die sie verdienen. Und nun zu den Umzügen: Heißgeliebt von den Kindern, sind sie jenes Festelement, das die Weihnacht in alle Zimmer und durch das ganze Haus trägt. Die erste Person des Zuges kann eine Sternstange tragen, wie das bei vielen Sternsingern und deren Umzügen Brauch war und ist, doch es geht auch ohne. Drei besonders schöne Umzugslieder sind das Schweizer Volkslied **„Es ist für uns eine Zeit angekommen"** und die beiden englischen **„Here we come a wassailing"** und **„The Wassail"**. Wer am Fest kein Englisch singen möchte, verwendet den deutschen Text oder sucht sich andere Umzugslieder. Nach dem Kapitel „Dreikönigsfeier" stehen drei geeignete Umzugslieder.

Silvesterfeier

Nun sind die sieben Tage vergangen, während welcher sich im Festprogramm täglich nur die Geschichten, Rätsel und Gespräche änderten; eventuell kam einmal ein neues Lied oder Gedicht dazu. Am 31.12. wird das anders: Nur noch ein stark verkürztes Fest findet vor dem Baum statt, davor und danach folgen neue Elemente. Das könnte so aussehen:

1. Bereits am frühen Abend werden **„Wegweiser-Kärtchen"** aus einem Hut gezogen. Das sind sorgfältig gefaltete Zettel, auf welchen man das ganze Jahr über lustige, ernste oder groteske Sprüche gesammelt oder gedichtet und aufgeschrieben hat. Sie sollen das kommende Jahr „erklären" oder dem, der sie zieht, ein „Wegweiser" dafür sein. Besonders begehrt sind die lustigen oder grotesken „Wahrheiten".

2. Zu Beginn der Feier am Baum könnte eine **Silvestergeschichte** stehen. Für kleine Kinder eignet sich das Märchen von Eduard Mörike, „Der alte Silvester und das Jahrkind", für die Großen z. B. „ein neujahrs märchen" von Wladimir Dudinzew.

3. Danach käme die verkürzte **Weihnachtsfeier.**

4. Sodann setzen sich zum **Flachendrehen** alle im Kreis auf den Boden. Eine leere Flasche wird in der Kreismitte so in Drehung versetzt, dass sie kurze Zeit weiterkreiselt. Derjenige, auf

den sie beim Anhalten „zeigt", bekommt die erste der **Silvesterfragen** gestellt. Unten finden sich einige Fragenbeispiele. Das Ziel ist, mit allen Beteiligten einen **Rückblick** auf das vergehende Jahr zu werfen. [4]

5. Dazwischen sollte dann wieder eine kleine Einlage mit **Essen, Trinken und Plaudern** eingeschoben werden.

6. Nach dem Mahle könnte das **Angel-Orakel** stattfinden. Hierbei angelt jeder mit einer Rute, an die eine Schnur mit einem Magneten daran gebunden ist, sein „Schicksalskärtchen". Diese Kärtchen liegen ausgebreitet am Boden, durch ein zwischen zwei Türpfosten 1,50 m hoch gespanntes Tuch dem Blick der Angler entzogen. Die Kärtchen müssen natürlich übers Jahr hin schon hergestellt worden sein. Es sind aus blauem Tonpapier ausgeschnittene Scheiben mit einer ins Zentrum geklebten Unterlagsscheibe. Aufs Papier gezeichnet sind mit Gold- oder Silberstift Zeichen: Tierkreisbilder, Sonne-, Mond- und Planetenzeichen und alle möglichen Symbole von Tieren, Baum, Blumen und Gegenständen, so wie man das aus dem Begleitheft des Bleigießens kennt. Die Interpretation der geangelten Scheibe ist dann Sache der „Fachleute" („Das könnte dies oder jenes bedeuten..."). Das Angel-Orakel weist die Zukunft des kommenden Jahres. [4]

7. Danach könnte man mit den **„Wünscheschiffchen"** weitermachen. Das sind mehrere halbe Walnussschalen, je zur Hälfte mit Kerzenwachs ausgegossen. Da hinein wurde ein Zahnstocher gespießt, der an seinem einen Ende ein Fähnchen trägt. Jeder Teilnehmer erhält ein Schiff und schreibt nun auf vier Zettelchen je einen großen Wunsch. Daraufhin stellt man mitten auf den Tisch eine Waschschüssel ¾ voll Wasser. Nach dem Auszählen darf der erste seine vier Zettelchen auf die vier Haken spießen, die am Rand der Schüssel nach Norden, Osten, Süden und Westen ausgerichtet eingehängt sind. Jetzt setzt der Schiffer mit der Hand das Wasser rechts herum in drehende Bewegung und dann sein Schiffchen vorsichtig auf die bewegte Flut. Dann wird gewartet, wo das Boot anlegt, ob

bei einem der Wünsche – der geht dann irgendwann wirklich in Erfüllung – oder zwischen zweien, was entweder bedeutet, dass beide ein bisschen erfüllt werden oder keiner davon.

8. Unterdessen ist die Zeit fürs **Feuerwerk** gekommen. Man geht also gemeinsam hinaus.

9. Nach dem Feuerwerk stößt man im Hause miteinander an, die Erwachsenen mit Sekt, die Kinder mit Saft.

10. Jetzt wäre es an der Zeit fürs **Bleigießen** oder fürs **Runen-Orakel**. Allzu lange sollte es aber nicht dauern, denn danach kommt ein echter „Zeitschlucker":

11. **Das Neujahrsgedicht**[4]. Kein Spiel polarisiert die Teilnehmer so stark wie dieses; die einen sagen „au ja!", die andern „das kann ich nicht!" Es kann aber jeder. Auf ein Blatt Papier wird vom ausgezählten Ersten heimlich ein Wort geschrieben, das sich auf das Neujahr, das Wetter, die Stimmung oder Tätigkeiten im neuen Jahr bezieht. Dann faltet er das Blatt so, dass das Wort versteckt ist und reicht das Blatt weiter. Der zweite in der Reihe schreibt ebenfalls ein Wort der genannten Kategorie darauf, faltet es um und gibt es ebenfalls weiter. So geht es reihum, bis alle ihr Wort geschrieben haben. Jetzt wird das Blatt entfaltet und vorgelesen. Alle übernehmen die Wörter auf ein eigenes Blatt Papier und schreiben darauf ein „Neujahrsgedicht", worin die vorgegebenen Wörter enthalten sein müssen, möglichst sogar in der Reihenfolge, wie sie aufgeschrieben wurden. Nach dem Fertigstellen und Vorlesen der Gedichte geht es ins Bett! Es ist dann schon nach 1 Uhr.

Silvesterfragen beim Flaschendrehen

01.) Was geschah im: **Januar**

02.) **Februar**

03.) **März**

04.) **April**

05.) **Mai**

06.) **Juni**

07.) **Juli**

08.) **August**

09.) **September**

10.) **Oktober**

11.) **November**

12.) **Dezember**

13.) Welche nicht-alltäglichen Arbeiten fielen an?

14.) Welche Gemüse haben wir geerntet?

15.) Welche Früchte?

16.) Singe ein Lied!

17.) Reklamiere ein Gedicht!

18.) Welches war dieses Jahr Dein schönstes Buch?

19.) Welcher Monat war Dein schönster? Warum?

20.) Erzähle Deinen besten Traum des Jahres!

21.) Wer war Dir der sympathischste Mensch?

22.) Wer ging Dir besonders auf den Geist?

23.) Nenne das schönste Erlebnis/Ereignis des Jahres!

24.) Was habe ich dieses Jahr gelernt?

25.) Was fiel mir dieses Jahr besonders schwer?

26.) Was habe ich „schleifen" lassen?

27.) Wer wurde von mir vernachlässigt?

28.) An wem sollte ich etwas gutmachen?

29.) Wobei habe ich nicht gehandelt,
wie ich eigentlich sollte?

30.) Welche besonderen Wünsche habe ich?

31.) Wo steht ein solcher Baum: _____?

32.) Walnussbaum? Esche?

34.) Wo wächst_____?

35.) Welches war in diesem Jahr meine beste Tat?

36.) Was nehme ich als Impuls ins nächste Jahr mit?

37.) Wen sehe ich am Himmel größer,
die Sonne oder den Mond?

38.) Welche 4 Sonnenstände am Himmel sind besondere?

39.) Wer vollendet seinen Jahreslauf schneller,
die Sonne oder der Mond?

40.) Stimmt das: _____?

z.B. Tannenzapfen hängen nach unten? Kiefern haben einen glatten Stamm? Ahornblätter haben fünf Rundungen? Frische Birkenzweige brennen gut? Was stimmt: „Mein Vetter ist der Sohn meiner Tante" oder „…ist der Sohn meines Onkels"? Wer ist meiner Mutter Mutter? Und wer meines Vaters Vater? Wer meiner Schwester einziger Bruder?

Die zweite Weihnachtsfeier

(1. – 5. Januar)

Die Weihnachtsfeier ab 1. Januar besteht aus einer Mischung aus **Dreikönigsliedern und -gedichten**, dazu **Jahresgedichten und -liedern** und eventuell einer längeren passenden Geschichte dazwischen, die auf die 5 Tage bis zum 5. Januar verteilt werden kann. Auch **Speis und Trank** dürfen nicht fehlen, desgleichen ein oder mehrere **Umzüge**: „Wir kommen daher aus dem Morgenland", „Ein Kind gebor'n zu Bethlehem", „We three Kings of Orient are", „De beau matin" und andere.

Das Dreikönigslied

Drei König ziehn im Abendwind,
sie bleiben nirgends stehen.
Und Sterne, Vögel, Ross und Rind
und Lamm und Bauer, Magd und Kind
tun sich nach ihnen drehen.

Drei König ziehn im Abendschein,
sie haben solch Verlangen.
Und zogen sie ins Städtchen ein,
da sind die Tore ganz allein
von selber aufgegangen.

Drei König ziehn im Abendrot,
die goldnen Mäntel wehen.
Sie wollen weder Wein noch Brot,
bis sie lebendig oder tot
das Kind im Stalle sehen.

Drei König ziehn im Abendrauch,
sie traben durch die Gassen.
Und wo sie ziehn, blüht jeder Strauch:
Kommt mit, kommt mit, wir wollen auch
das Himmelreich erfassen.
Silja Walter

Dreikönigsfeier

Am 6. Januar könnte früh am Nachmittag noch einmal eine **Dreikö-nigsfeier** vorbereitet werden. Da stände neben Liedern und Gedichten wohl eine Geschichte im Vordergrund. Es böte sich an „Das Traumlied des Olaf Osteson", „Drei Könige reiten" aus dem Buch „Vom Osten strahlt ein Stern herein", einem sehr schönen Geschichtenbuch für Advent, Weihnachten und Dreikönig, oder eine der märchenhaften Jahresgeschichten. Anlässlich der Feier könnte auch der **Dreikönigskuchen** verteilt werden. Wer in seinem Stück die versteckte Bohne findet, erhält die Krone und ist für drei Tage **König** im Hause.

Dreikönigslieder für Umzüge

Es ist für uns eine Zeit angekommen

1 Es ist für uns ei - ne Zeit an - ge - kom-men, sie bringt uns ei - ne gro - ße Freud. Ü - bers schnee-be - glänz - te Feld wan - dern wir, wan - dern wir durch die wei - te, wei - ße Welt.

2   Es schlafen Bächlein und See unterm Eise,
es träumt der Wald einen tiefen Traum.
Durch den Schnee, der leise fällt, wandern wir,
wandern wir durch die weite, weiße Welt.

3   Vom hohen Himmel ein leuchtendes Schweigen
erfüllt die Herzen mit Seligkeit.
Unterm sternbeglänzten Zelt wandern wir,
wandern wir durch die weite, weiße Welt.

HERE WE COME A-WASSAILING

Traditional, Yorkshire

1. Here we come a - was - sail - ing A - mong the leaves so green,— Here we come a - wan - der - ing, So fair___ to be seen:

2. We are not dai - ly beg - gars That beg from door to door,___ But we are neigh - bour's chil _ dren Whom you have seen be - fore:

3. God bless the mas - ter of this house, Like - wise the mis - tress too;___ And all the lit - tle chil _ dren That round the ta - ble go:

4. And all your kin and kins - folk, That dwell both far and near;___ We wish you a Mer - ry Christ - mas, And a hap - py New Year:

Chorus

Love and joy come to you, And to you your was-sail too, And God bless you and send you A hap - py New Year.___

The Gower Wassail

The Wassail, the Wassail throughout all the town,
Our cup it is white and our ale it is brown;
Our Wassail is made of good ale and cake,
Some nutmeg and ginger, the best we could make.
Fol-de-dol, dol-de-dol-de-dol, dol-de-dol-de-dol, dol-de-dol-de-dol,
O sing tural-i-tural, sing tural-i-ay.

We know by the moon that we are not too soon
And we know by the sky that we are not too high,
We know by the stars that we are not woo far
And we know by the ground that we are within sound.
Fol-de-dol, dol-de-dol-de-dol, dol-de-dol-de-dol, dol-de-dol-de-dol,
O sing tural-i-tural, sing tural-i-ay.

Now master and mistress, to you thanks we'll give
For our jolly Wassail as long as we live,
And if we should live 'till another new year,
Perhaps we may call and see who do live here.
Fol-de-dol, dol-de-dol-de-dol, dol-de-dol-de-dol, dol-de-dol-de-dol,
O sing tural-i-tural, sing tural-i-ay.

Der Festtrunk

Der Festtrunk, der Festtrunk ist gebraut hier im Dorf,
Unsre Becher sind weiß und das Bier braun wie Torf.
Der Festtrunk gebraut ist aus Kuchen und Bier,
Muskatnuss und Ingwer vom Besten allhier.

Am Mond könn' wir sehn, dass zu früh wir nicht gehn
Und am Himmelszelt, dass zu hoch wir nicht g'stellt;
Am Leuchten der Stern', dass wir nicht mehr sind fern
Und am Erdboden da, dass wir jetzt schon ganz nah.

O Hausherr und –herrin! Für Fest und Gesang
Sagen Dank wir Euch heut und ein Leben lang
Und ist uns zu leben vergönnt noch ein Jahr,
So kommen wir wieder und fragen, wie's war.

Refrain:
Fol-de-dol, dol-de-dol-de-dol, dol-de-dol-de-dol, dol-de-dol-de-dol,
O sing tural-i-tural, sing tural-i-ay.

Literaturverzeichnis des Anhangs

1. „Der alte Silvester und das Jahrkind", Eduard Mörike, Urachhaus, 1984
2. „ein neujahrs märchen", Wladimir Dudinzew, S. Fischer Verl., 1960
3. „Vom Osten strahlt ein Stern herein", Verl. Urachhaus, 1986
4. "Das Jahreszeiten-Buch", Chr. Kutik, Eva-M. Heidmann, Verl. Freies Geistesleben, 2008

Frau Holle – Berchtas Ausfahrt von Alexander Six

Bildquellen:

Vorlagen für keltische Muster v. Chris Down (Weltbild) Seiten 7 und 18

A Handbook of Celtic Ornament v. John G. Merne (Mercier Educational) auf den Seiten 15, 20, 58, 63, 97, 102, 111, 126, 132, 137, 152

Frau Holle v. Karl Paetow (Husum) Seiten 24 und 151

Im engsten Ringe v. Hertha Ohling (Verlag f. ganzheitliche Forschung u. Kultur, Wobbenbüll) Seiten 38, 65, 66

Vom Geist des Nordens v. Hans Mändel (Mellinger) Seite 72

Feste und Bräuche v. S. Grafin Schönfeldt (Otto Maier, Ravenburg) Seiten 79, 95, 98

Zeitfracht Medien GmbH
Ferdinand-Jühlke-Straße 7
99095 Erfurt, Deutschland
produktsicherheit@kolibri360.de